图说青檜

青橙图说

|理|论|轻|松|学|

# 图说新质生产力

闫光宇　青橙图说　著

人民东方出版传媒
People's Oriental Publishing & Media
东方出版社
The Oriental Press

# 目 录

## 第一章　什么是生产力？

一　生产力概念源起　/ 003

二　我们的"生产力"是指"社会生产力"　/ 005

三　如何理解"生产力"？　/ 007

四　生产力的基本要素　/ 012

五　什么是生产关系？　/ 018

第二章　什么是新质生产力？

一　新质生产力概念溯源　/ 025

二　创新起主导作用　/ 028

三　摆脱"两个传统"　/ 051

四　具有三个特征：高科技、高效能、高质量　/ 062

五　符合新发展理念　/ 068

第三章　**新质生产力的催生**

一　技术革命性突破　/ 113

二　生产要素创新性配置　/ 139

三　产业深度转型升级　/ 157

## 第四章　新质生产力的内涵

一　劳动者的跃升　/ 182

二　劳动资料的跃升　/ 191

三　劳动对象的跃升　/ 199

四　劳动者、劳动资料和劳动对象
　　优化组合　/ 206

## 第五章 新质生产力的核心标志、特点、关键和本质

一 新质生产力的核心标志 / 217

二 新质生产力的特点、关键和本质 / 221

第 一 章

# 什么是生产力？

2024年1月31日，中共中央政治局就扎实推进高质量发展进行第十一次集体学习，习近平总书记在主持学习时对新质生产力作出了系统阐述。

　　2024年《政府工作报告》首次将"大力推进现代化产业体系建设，加快发展新质生产力"列为首项任务。

　　为更好地理解什么是新质生产力，我们先从什么是生产力说起。

## 一、生产力概念源起

正如罗马不是一天建成的,生产力的概念也是在历史的实践中逐步形成的。

我最早提出了"生产力"概念。

弗朗斯瓦·魁奈
(1694—1774)

土地生产力

魁奈是法国重农学派的代表,他认为具有生产性的劳动只有农业劳动,他讲的"生产力"更接近于土地生产力。

马克思在很多著作中提到重农学派和魁奈,给魁奈以很高的评价,认为他是把政治经济学建立成为一门科学的人。

> 我提出了"劳动生产力"概念。

大卫·李嘉图
（1772—1823）

劳动生产力

> 李嘉图建立起以劳动价值论为基础，以分配论为中心的理论体系。他坚持商品价值由生产中所耗费的劳动决定的原理，并批评了亚当·斯密价值论中的错误。

> 我提出了"资本生产力"概念。

让·巴蒂斯特·萨伊
（1767—1832）

资本生产力

> 萨伊提出经济学研究财富的生产、分配和消费，这在经济学史上是首创。但萨伊被普遍认为抛弃了劳动价值理论，发展了亚当·斯密等人的古典经济学中的"庸俗"而成为早期"庸俗经济学"的代表人物，被认为是资本主义的辩护士。

在我的《政治经济学的国民体系》中，对生产力概念进行了详细的论述。

弗里德里希·李斯特
（1789—1846）

物质生产力　　生产力　　精神生产力

李斯特探讨了一个国家发展生产力的重要性和如何发展生产力，但他的生产力更接近于生产能力。马克思受其影响较大，早年曾大量使用李斯特的生产力概念，比如，他提出的"物质生产力"与"精神生产力"概念。

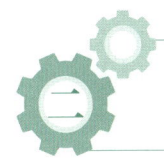

## 二 我们的"生产力"是指"社会生产力"

**生产力亦称"社会生产力"，是人们在劳动生产中利用自然、改造自然以使其满足人的需要的客观物质力量。**生产力体现了生产过程中人与自然的关系，标志着人类改造自然的实际能力和水平。

马克思主义大辞典

马克思阐明了生产力决定生产关系，是决定社会历史发展最重要的推动力。讲生产力的决定作用，不仅是指它决定着生产关系的发展和变革，而且也是整个人类社会发展的决定力量。

> 生产力是历史发展的根本动力。
>
> 作为生产力的现代形式工业是人的本质力量的公开展示。

马克思

> 全人类的首要的生产力就是工人，劳动者。

列宁

生产力包含：**物质生产力和精神生产力。**

**物质**生产力　　　**精神**生产力

劳动者包括体力劳动者和脑力劳动者。

## 三、如何理解"生产力"？

想要理解生产力，先从一件马面裙说起。

我想做一件**马面裙**。

就得先有一块**布料**。

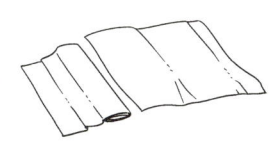

想做成布料，就得先有**纱线**。

而想做成纱线，就得利用**麻、棉、羊毛的纤维**，或者从**石油**中提取。

**因此生产力的提高是这样的：**

生产力提高

很早以前，我们要用手把麻纤维搓成麻线。

每天生产1卷

后来，我们发明了纺轮，纺纱效率变高。

每天生产10卷

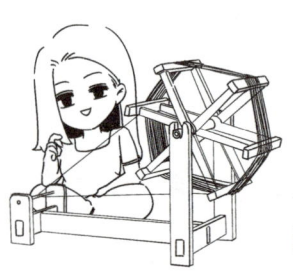

后来，我们发明了纺车，纺纱更快了！

每天生产100卷

后来，我们发明了现代纺机，真是飞速！

每天生产1万卷

我们的汉字也记录了生产力提高的这一过程。比如，很早以前，我们用麻纤维制作麻线，然后织成麻布，制作衣服。

麻

麻，俗称汉麻，我国很早就用麻纺线、织布、制衣等，因此麻有"国纺源头，万年衣祖"之称，《诗经》中就有"麻衣如雪"的句子，孟浩然《过故人庄》也有"把酒话桑麻"的名句。

用麻纺线的过程大致为：

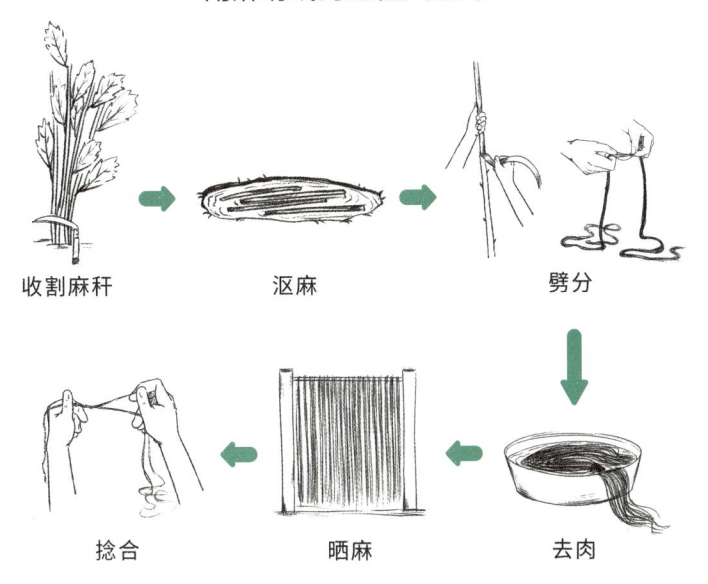

收割麻秆 ➡ 沤麻 ➡ 劈分 ⬇ 捻合 ⬅ 晒麻 ⬅ 去肉

我们汉字中的"麻"，就是在屋檐下晒麻的场景。

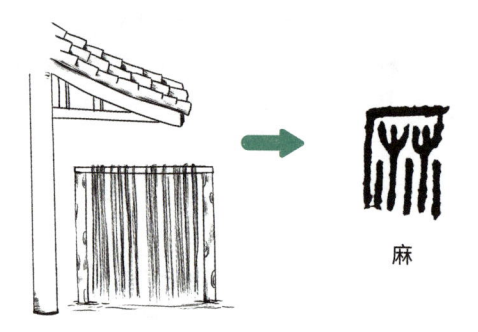

麻

而"索"字，就是搓麻线的样子。

索

当人们发明纺锤后，会用纺锤将羊毛或者动物纤维纺成线。纺锤由一个圆盘状的纺轮和一根长杆组成。

纺线时，利用纺锤的旋转，把散乱的毛纤维纺成毛线。

纺锤

到了汉代，我们发明了纺车，纺线效率更高了。

1765年，织工哈格里夫斯发明了"珍妮纺纱机"，在棉纺织业引发了发明机器、进行技术革新的连锁反应，揭开了工业革命的序幕。

珍妮机一次可以纺出许多根棉线，极大地提高了生产率！

## 四　生产力的基本要素

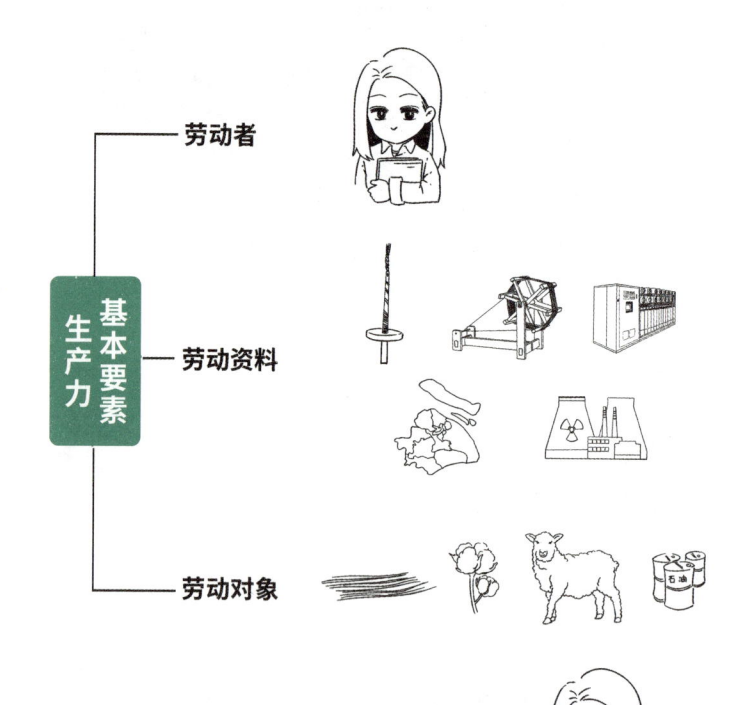

生产力基本要素：
- 劳动者
- 劳动资料
- 劳动对象

### 1.劳动者

劳动者是具有一定生产经验、劳动技能和科学知识的从事生产活动的人，是生产力诸要素中最重要、最活跃的因素。劳动资料和劳动对象只有与劳动者的活动相结合才能转变为现实的生产力。

> 从事体力劳动的,从事脑力劳动的,都是社会主义社会的劳动者。
>
> ——邓小平

随着现代科学技术的发展,大量繁重的体力劳动将逐步被机器所代替,直接从事生产的劳动者体力劳动会不断减少,脑力劳动会不断增加。

## 2.劳动资料

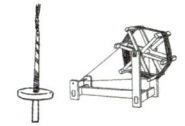

劳动资料也称劳动手段,指人们在劳动过程中用以改变和影响劳动对象的一切物质资料,是劳动者和劳动对象之间的媒介。

——《马克思主义大辞典》

```
          ┌── 生产工具
          │
          │
          ├── 土地
劳动资料  │
          ├── 厂房
          │
          ├── 资本
          │
          └── ……
```

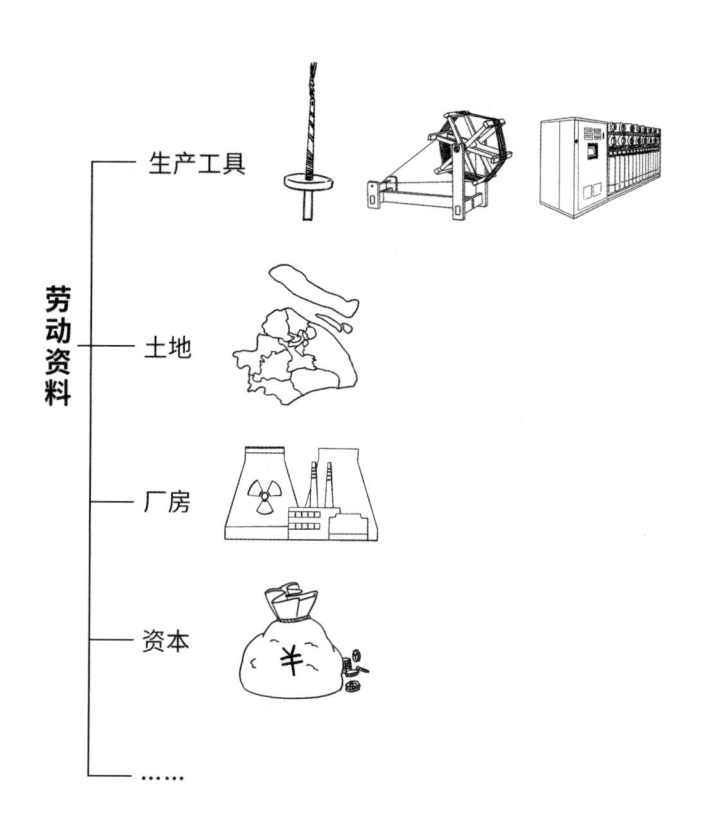

**劳动资料中最重要的是生产工具。** 生产工具是人们在劳动生产过程中对劳动对象进行加工的物或物的综合体，它直接传递人对自然界的作用，标志着生产力的性质和发展水平，也是区分各个经济时代的标志。

比如，我们做一道题：

1万个劳动力　1万亩耕地
5000头牛　300万斤粮食

1000个劳动力　5000亩耕地
200台拖拉机　200万斤粮食

**哪个生产力更高？**

我觉得用拖拉机这边高，你觉得呢？

很明显，左边生产了更多的粮食，总体生产能力高于右边。但是，生产工具标志着生产力水平的高低，右边的农场用拖拉机为生产工具，实际生产效率更高，因此右边的农场生产力水平高于左边的农场。

## 3.劳动对象

劳动对象是劳动者在劳动过程中加工的对象，包括自然界的现存物和人类劳动加工过的物质资料。

**劳动对象**

- 麻
- 羊
- 树木
- 铁矿
- ……
- 麻纤维
- 羊毛
- 木材
- 钢板
- ……

## 4.生产资料

（劳动资料与劳动对象合称"生产资料"）

**劳动者**

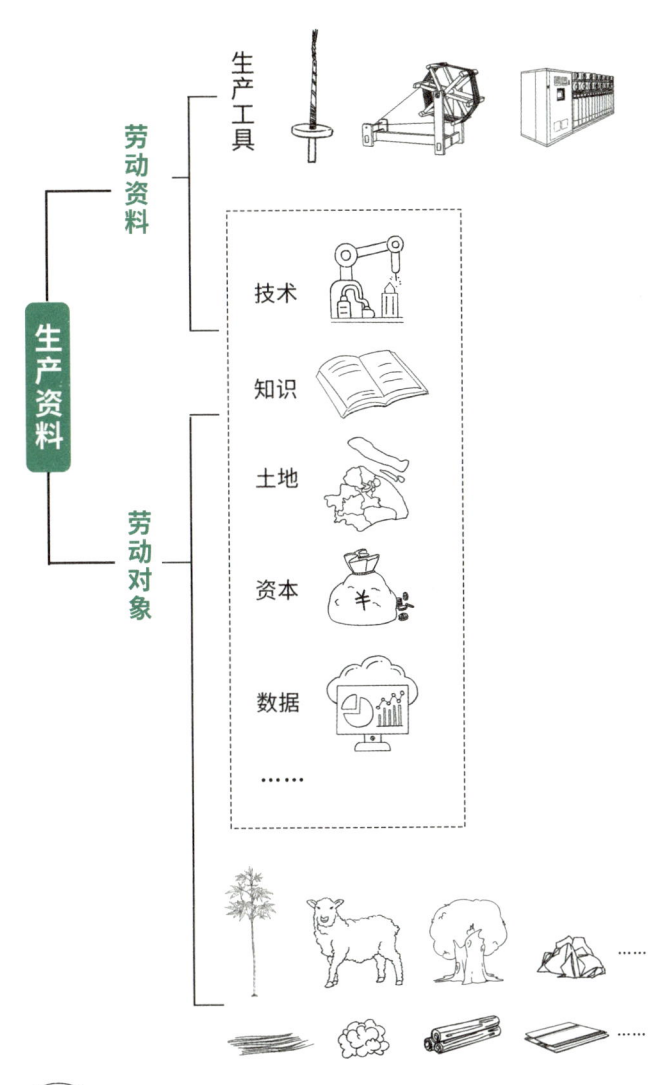

```
                    ┌─ 生产工具
         劳动资料 ──┤
                    │
                    ├─ 技术
生产资料 ┤           ├─ 知识
                    ├─ 土地
         劳动对象 ──┤ 资本
                    ├─ 数据
                    └─ ……
```

劳动资料和劳动对象合称生产资料，是生产力中物的因素，是社会生产的物质技术基础。

## 五、什么是生产关系？

> 说到生产力，就不得不说"生产关系"。

**"生产关系"亦称"社会生产关系"**，是人们在物质生产过程中结成的社会关系。生产关系是生产力诸要素相结合的社会形式，即生产方式的社会形式。

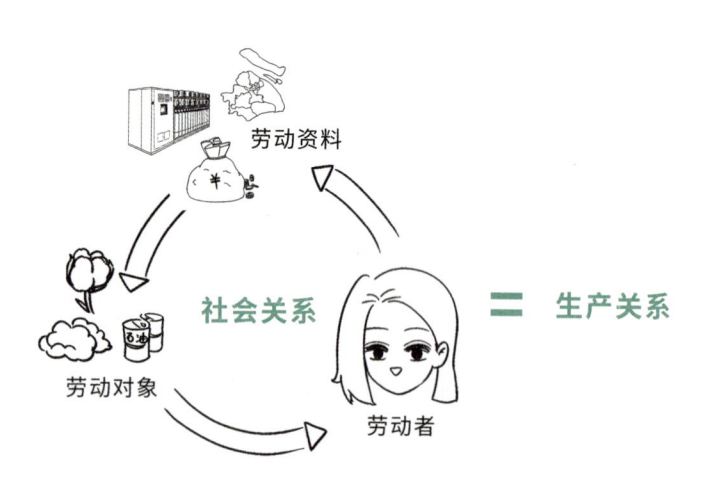

社会关系（劳动资料、劳动对象、劳动者）＝ 生产关系

## 生产关系基本要素

### 生产资料所有制的形式

归谁所有？

### 人们在生产中的地位和相互关系

老板　员工　　甲方　乙方

谁领导谁？

### 产品分配关系

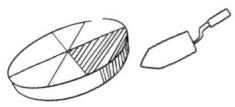

利润怎么分？

> 生产关系基本要素为：生产资料所有制的形式，人们在生产中的地位和相互关系，产品分配关系。

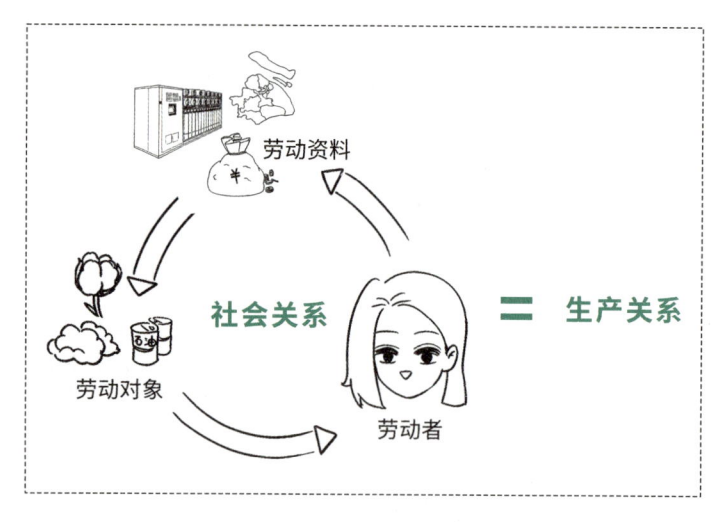

## 生产力

↓ 决定

劳动资料 — 社会关系 — 生产关系 — 劳动者 — 劳动对象

生产力决定生产关系，生产关系反作用于生产力。

一方面，生产力的性质和水平决定生产关系的性质和形式，同时生产力的发展决定生产关系的变革。

另一方面，生产关系对生产力具有反作用，具体表现为：当生产关系适合生产力状况时，会促进生产力的发展；当生产关系不适合生产力状况时，会阻碍生产力的发展。

阻碍生产力发展

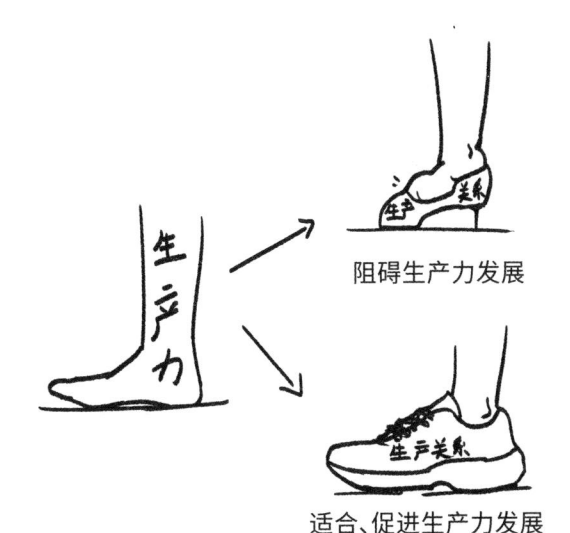

适合、促进生产力发展

生产力与生产关系的相互作用可以类比为脚和鞋子的关系，生产力就像人的脚，生产关系就像鞋子，多大的脚，就要穿多大的鞋子，什么样的脚，就要穿什么样的鞋子，只有鞋子适应了脚的大小和形状，才能让人走得舒服、走得快。同样，生产关系只有适应生产力的发展水平，才能促进社会的进步和发展。

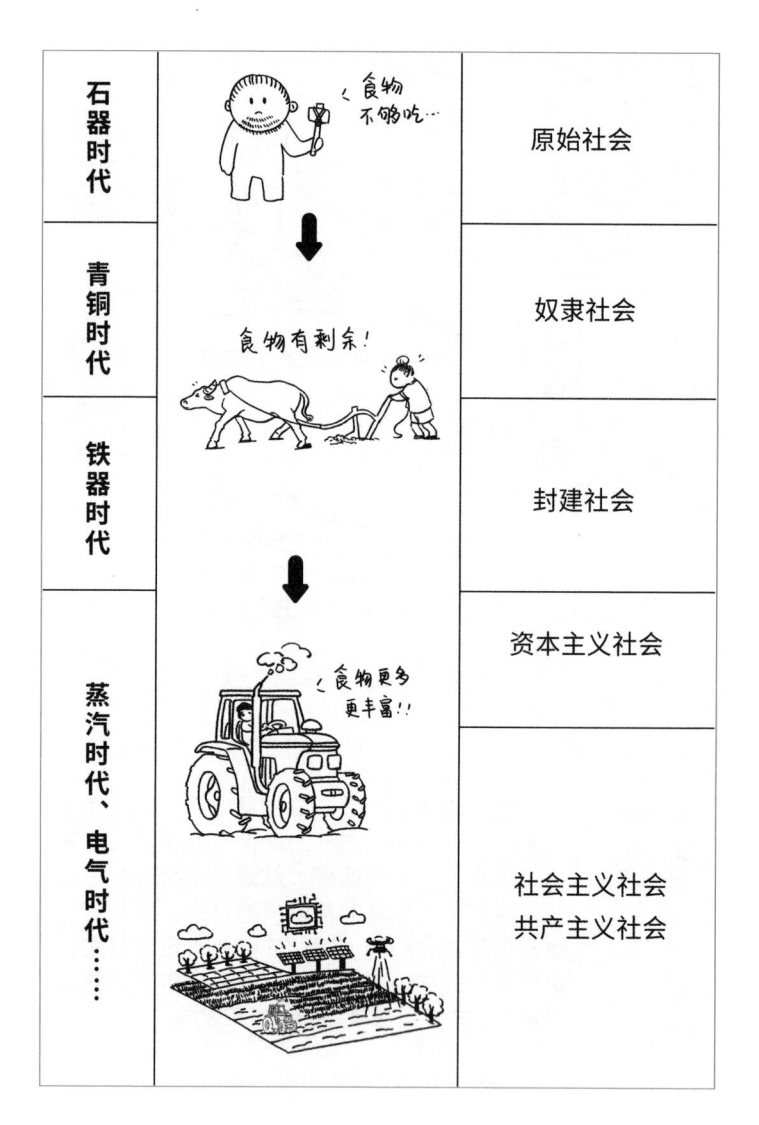

| | | |
|---|---|---|
| 石器时代 | 食物不够吃… | 原始社会 |
| 青铜时代 | 食物有剩余! | 奴隶社会 |
| 铁器时代 | | 封建社会 |
| 蒸汽时代、电气时代…… | 食物更多更丰富!! | 资本主义社会 |
| | | 社会主义社会<br>共产主义社会 |

伴随着人类社会生产力的提高，生产关系也随之发生变化，社会发展也呈现相应的阶段性和进步性。

第 二 章

# 什么是
# 新质生产力？

2024年1月31日，习近平总书记在中共中央政治局第十一次集体学习时对新质生产力进行了全面的论述：新质生产力是创新起主导作用，摆脱传统经济增长方式、生产力发展路径，具有高科技、高效能、高质量特征，符合新发展理念的先进生产力质态。

　　新质生产力，由技术革命性突破、生产要素创新性配置、产业深度转型升级而催生，以劳动者、劳动资料、劳动对象及其优化组合的跃升为基本内涵，以全要素生产率大幅提升为核心标志，特点是创新，关键在质优，本质是先进生产力。

## 一、新质生产力概念溯源

新质生产力理论并非无源之水、无本之木，新质生产力作为先进生产力的具体体现形式，是马克思主义生产力理论的中国创新和实践。

**不搞科学技术，生产力无法提高。**

毛泽东

1963年12月16日，毛泽东在听取国务院副总理聂荣臻汇报十年科学技术规划时指出："科学技术这一仗，一定要打，而且必须打好。过去我们打的是上层建筑的仗，是建立人民政权、人民军队。建立这些上层建筑干什么呢？就是要搞生产。搞上层建筑、搞生产关系的目的就是解放生产力。现在生产关系是改变了，就要提高生产力。不搞科学技术，生产力无法提高。"

邓小平

科学技术是第一生产力。

1988年9月5日，邓小平在会见捷克斯洛伐克总统胡萨克时，提出"科学技术是第一生产力"的重要论断。

江泽民

中国共产党始终代表中国先进生产力的发展要求。

这是"三个代表"重要思想中的第一句。江泽民同时还指出：科学技术是第一生产力，是先进生产力的集中体现和主要标志，也是人类文明进步的基石。

> 我们在任何时候都要坚定不移以经济建设为中心，大力发展社会生产力。
>
> ——胡锦涛

　　社会要和谐，首先要发展。必须坚持用发展的办法解决前进中的问题，大力发展社会生产力，不断为社会和谐创造雄厚的物质基础，同时更加注重解决发展不平衡问题，更加注重发展社会事业，推动经济社会和谐发展。

**新质生产力概念的提出：**

　　2023年7月以来，习近平总书记在四川、黑龙江、浙江、广西等地考察调研时，提出要整合科技创新资源，引领发展战略性新兴产业和未来产业，加快形成新质生产力。

　　去年7月以来，我在四川、黑龙江、浙江、广西等地考察调研时，提出要整合科技创新资源，引领发展战略性新兴产业和未来产业，加快形成新质生产力。12月中旬，在中央经济工作会议上，我又提出要以科技创新推动产业创新，特别是以颠覆性技术和前沿技术催生新产业、新模式、新动能，发展新质生产力。

　　——2024年1月31日，习近平总书记在中共中央政治局第十一次集体学习时的讲话

**新质生产力提出的主要考虑：**

我提出新质生产力这个概念和发展新质生产力这个重大任务，主要考虑是：生产力是人类社会发展的根本动力，也是一切社会变迁和政治变革的终极原因。高质量发展需要新的生产力理论来指导，而新质生产力已经在实践中形成并展示出对高质量发展的强劲推动力、支撑力，需要我们从理论上进行总结、概括，用以指导新的发展实践。

——2024年1月31日，习近平总书记在中共中央政治局第十一次集体学习时的讲话

**新质生产力的英文翻译：**
new quality productive forces

## 二、创新起主导作用

我有一些很新鲜的想法……

创新是第一动力。

创新是一个民族进步的灵魂,是一个国家兴旺发达的不竭动力,也是中华民族最深沉的民族禀赋。

实施创新驱动发展战略,就是要推动以科技创新为核心的全面创新。

无论时代如何发展,我们都要激发守正创新、奋勇向前的民族智慧。

## 1.创新的基本内涵是什么?

**对于新质生产力,创新是什么呢?**

实施创新驱动发展战略,就是要推动以科技创新为核心的全面创新。

——2014年8月18日,习近平总书记在中央财经领导小组第七次会议上的讲话

新质生产力的显著特点是创新,既包括技术和业态模式层面的创新,也包括管理和制度层面的创新。必须继续做好创新这篇大文章,推动新质生产力加快发展。

——2024年1月31日,习近平总书记在中共中央政治局第十一次集体学习时的讲话

科技创新能够催生新产业、新模式、新动能，是发展新质生产力的核心要素。

——2024年1月31日，习近平总书记在中共中央政治局第十一次集体学习时的讲话

因此，结合习近平总书记系列讲话精神，新质生产力的创新，应是**以科技创新为核心的全面创新。**

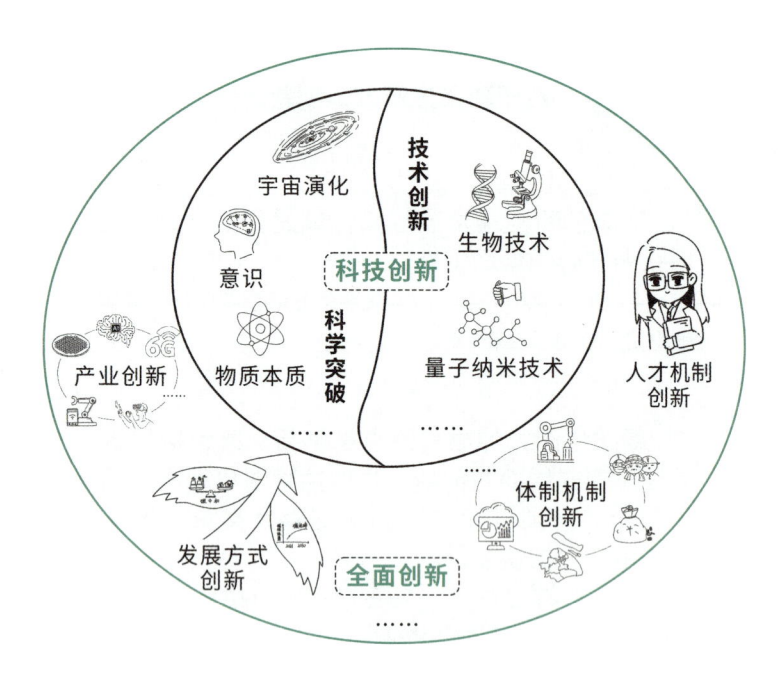

科技创新
- 技术创新：生物技术、量子纳米技术……
- 科学突破：宇宙演化、意识、物质本质……

全面创新
- 产业创新
- 人才机制创新
- 体制机制创新
- 发展方式创新
……

## 2.以科技创新为核心

> 加强科技创新特别是原创性、颠覆性科技创新,加快实现高水平科技自立自强……打好关键核心技术攻坚战,使原创性、颠覆性科技创新成果竞相涌现,培育发展新质生产力的新动能。
> ——2024年1月31日,习近平总书记在中共中央政治局第十一次集体学习时的讲话

我看到了两个核心要点:

**(1) 核心要点**

原创性、颠覆性科技创新。

"打好关键核心技术攻坚战,使原创性、颠覆性科技创新成果竞相涌现"。这让我想到了习近平总书记2021年5月28日在中国科学院第二十次院士大会、中国工程院第十五次院士大会、中国科协第十次全国代表大会上的讲话。习近平总书记围绕"加强原创性、引领性科技攻关,坚决打赢关键核心技术攻坚战"进行了部署。

**① 加强基础研究。**

· 加快制定基础研究十年行动方案。

*这是一个管长远的方案，雄心勃勃！*

· 基础研究要勇于探索、突出原创，推进对宇宙演化、意识本质、物质结构、生命起源等的探索和发现，拓展认识自然的边界，开辟新的认知疆域。

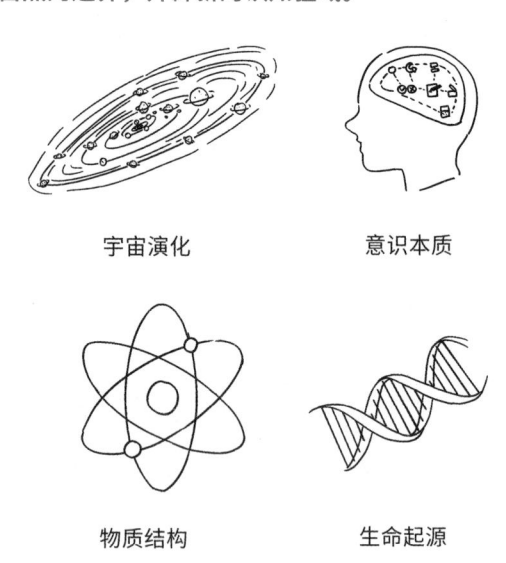

宇宙演化

意识本质

物质结构

生命起源

*好伟大的探索！*

·基础研究更要应用牵引、突破瓶颈，从经济社会发展和国家安全面临的实际问题中凝练科学问题，弄通"卡脖子"技术的基础理论和技术原理。

2018年，《科技日报》报道了制约我国工业发展的35项"卡脖子"技术，包括芯片、操作系统、触觉传感器、真空蒸镀机、医学影像设备元器件等，涉及多个领域。

| | 35项中国被"卡脖子"的关键技术 | | |
|---|---|---|---|
| 1 | 光刻机 | 19 | 高压柱塞泵 |
| 2 | 芯片 | 20 | 航空设计软件 |
| 3 | 操作系统 | 21 | 光刻胶 |
| 4 | 触觉传感器 | 22 | 高压共轨系统 |
| 5 | 真空蒸镀机 | 23 | 透射式电镜 |
| 6 | 手机射频器件 | 24 | 掘进机主轴承 |
| 7 | 航空发动机短舱 | 25 | 微球 |
| 8 | iCLIP技术 | 26 | 水下连接器 |
| 9 | 重型燃气轮机 | 27 | 高端焊接电源 |
| 10 | 激光雷达 | 28 | 锂电池隔膜 |
| 11 | 适航标准 | 29 | 燃料电池关键材料 |
| 12 | 高端电容电阻 | 30 | 医学影像设备元器件 |
| 13 | 核心工业软件 | 31 | 数据库管理系统 |
| 14 | ITO靶材 | 32 | 环氧树脂 |
| 15 | 核心算法 | 33 | 超精密抛光工艺 |
| 16 | 航空钢材 | 34 | 高强度不锈钢 |
| 17 | 铣刀 | 35 | 扫描电镜 |
| 18 | 高端轴承钢 | | |

到2023年，根据《科技日报》报道，这35项"卡脖子"技术已被攻克21项，有些还成为我国的强项，情况已经发生根本性变化。比如，触觉传感器、重型燃气轮机、激光雷达、ITO靶材、特种铣刀、透射式电镜、掘进机主轴承、微球、锂电池隔膜、环氧树脂、扫描电镜等。

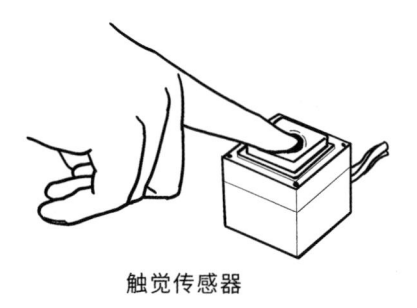

触觉传感器

触觉传感器主要用于机器人制造，是模仿触觉功能的传感器。

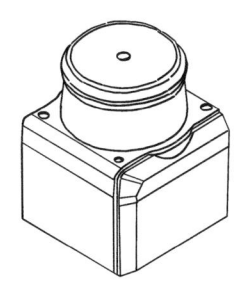

激光雷达

激光雷达是以发射激光束探测目标的位置、速度等特征量的雷达系统，广泛应用于资源勘探、城市规划、农业开发、水利工程、土地利用、环境监测、交通通信、防震减灾及国家重点建设项目等方面。目前在机载海洋、自动驾驶领域比较火热。

环氧树脂

环氧树脂是一种高分子聚合物，能制成涂料、复合材料、浇铸料、胶粘剂、模压材料和注射成型材料，用途广泛。

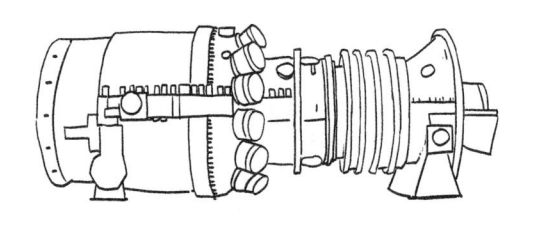

重型燃气轮机

重型燃气轮机是中型常规航空母舰的主动力，是发电和驱动领域的核心设备，制造难度极大，集中体现一个国家的工业水平，被誉为装备制造业"皇冠上的明珠"。

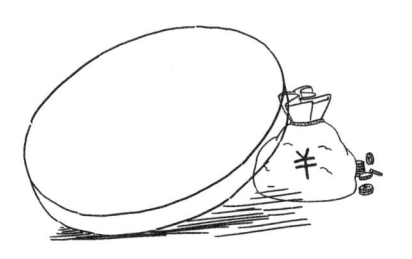

ITO靶材

ITO靶材是一种透明导电材料，被广泛应用于光电领域，如液晶显示屏、触摸屏等。

……

总之，经过我们的努力，事情在往好的方向发展。但还得加倍努力，继续突破。

·要加大基础研究财政投入力度、优化支出结构,对企业基础研究投入实行税收优惠,鼓励社会以捐赠和建立基金等方式多渠道投入,形成持续稳定的投入机制。

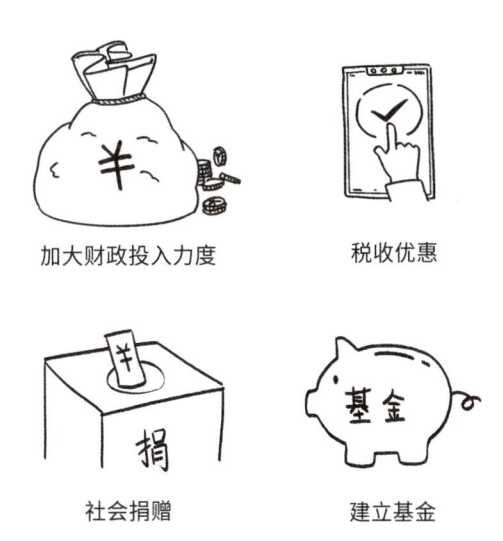

加大财政投入力度　　税收优惠

社会捐赠　　建立基金

**②科技攻关要坚持问题导向,奔着最紧急、最紧迫的问题去。**

·要从国家急迫需要和长远需求出发,在石油天然气、基础原材料、高端芯片、工业软件、农作物种子、科学试验用仪器设备、化学制剂等方面关键核心技术上全力攻坚。

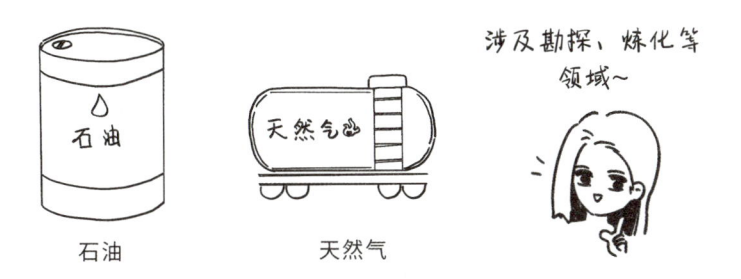

石油　　天然气　　涉及勘探、炼化等领域~

农作物种子

涉及杂交和基因等育种技术~

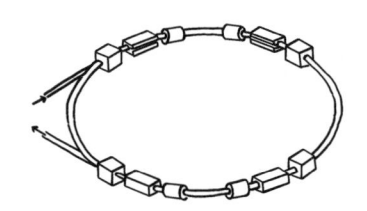

科学试验用仪器设备

涉及粒子对撞机、空间站实验室、大型望远镜，等等~

当然，还有目前最突出的"卡脖子"难题——高端芯片制造。包括光刻机、光刻胶、射频芯片、超精密抛光工艺、核心工业软件，再加上芯片本身共6个方面。

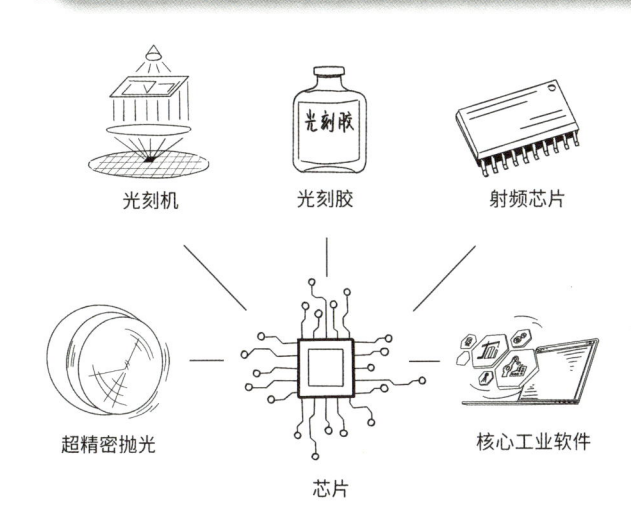

光刻机　　光刻胶　　射频芯片

超精密抛光　　芯片　　核心工业软件

·加快突破一批药品、医疗器械、医用设备、疫苗等领域关键核心技术。

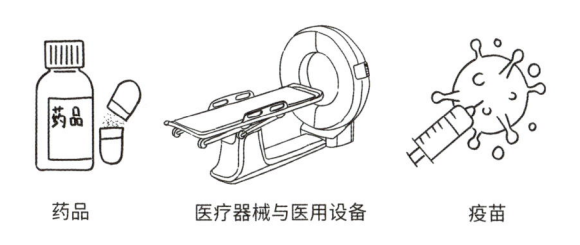

药品　　医疗器械与医用设备　　疫苗

……

经历过新冠疫情，更觉得重要！

·要在事关发展全局和国家安全的基础核心领域,瞄准人工智能、量子信息、集成电路、先进制造、生命健康、脑科学、生物育种、空天科技、深地深海等前沿领域,前瞻部署一批战略性、储备性技术研发项目,瞄准未来科技和产业发展的制高点。

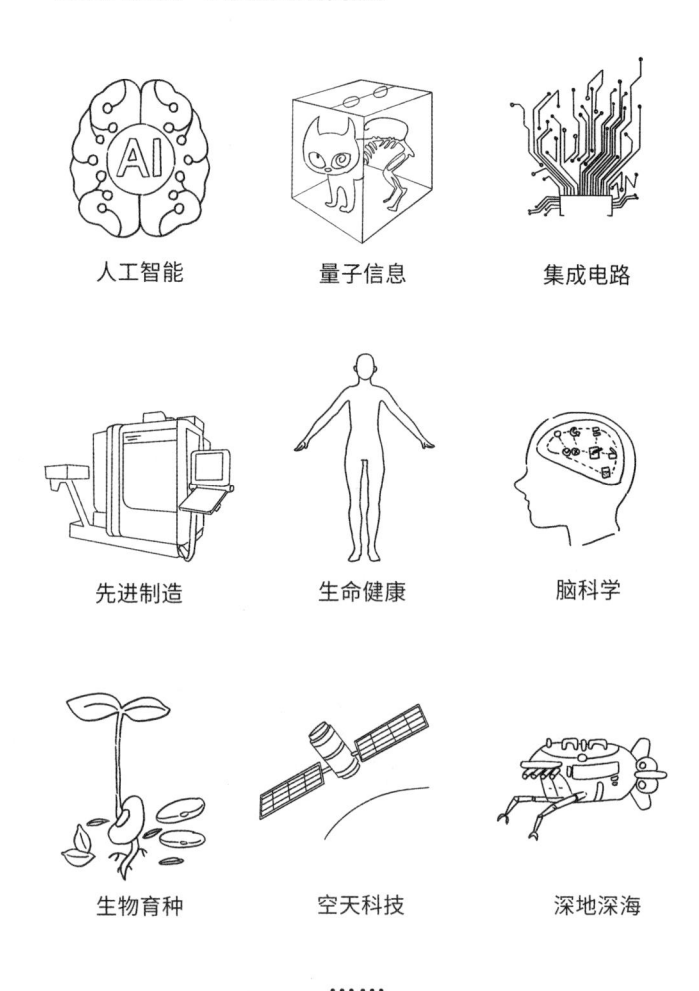

人工智能

量子信息

集成电路

先进制造

生命健康

脑科学

生物育种

空天科技

深地深海

······

· 创新链产业链融合，关键是要确立企业创新主体地位。要增强企业创新动力，正向激励企业创新，反向倒逼企业创新。要发挥企业出题者作用，推进重点项目协同和研发活动一体化，加快构建龙头企业牵头、高校院所支撑、各创新主体相互协同的创新联合体，发展高效强大的共性技术供给体系，提高科技成果转移转化成效。

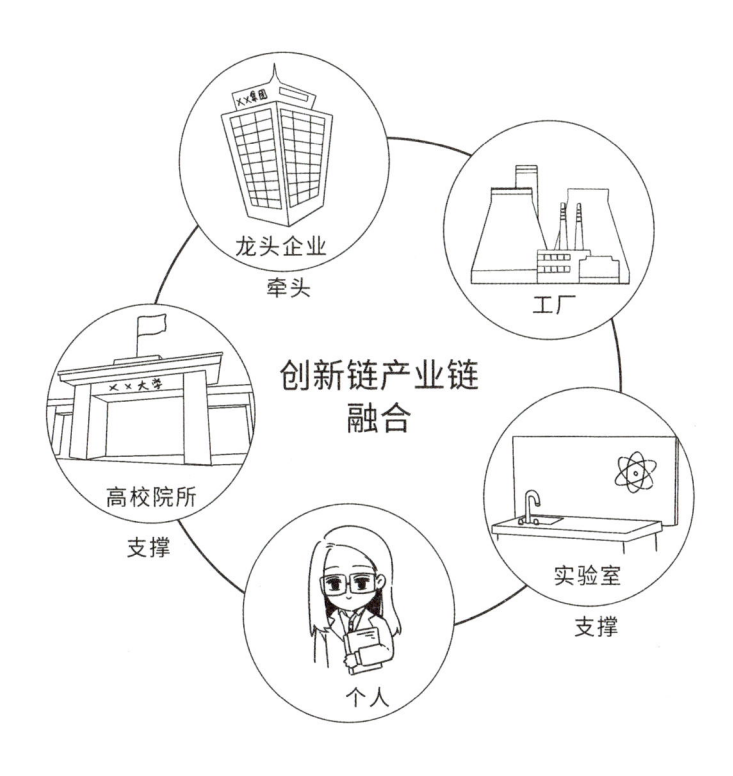

· 要大力加强多学科融合的现代工程和技术科学研究，带动基础科学和工程技术发展，形成完整的现代科学技术体系。

基础科学　　　　　工程技术

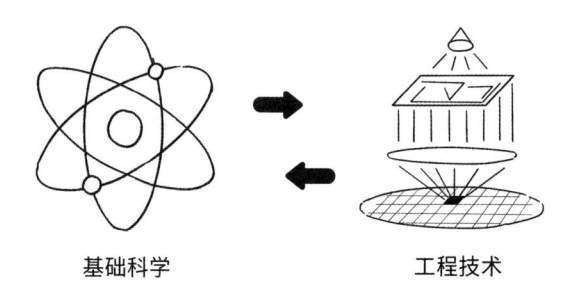

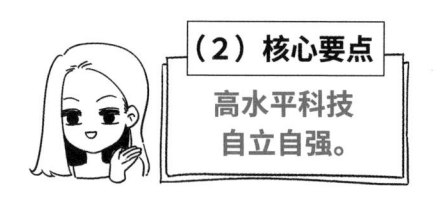

**（2）核心要点**

高水平科技自立自强。

这让我想到了习近平总书记在2021年第6期《求是》杂志上发表的重要文章《努力成为世界主要科学中心和创新高地》中所说的："充分认识创新是第一动力，提供高质量科技供给，着力支撑现代化经济体系建设。""自主创新是我们攀登世界科技高峰的必由之路。""关键核心技术是要不来、买不来、讨不来的。只有把关键核心技术掌握在自己手中，才能从根本上保障国家经济安全、国防安全和其他安全。"

既然是自主创新，那么：

"拿来吧你!!"

抢劫他人产品不是创新!

上好的橡胶,
快来看啊!!

甘于出售原材料不是创新!

挣钱么，
不寒碜！
甘于组装不是
创新！

有雄心！
我是原材料基地，
但我也要当工业大国！

我是从组装做起，
但我也要做品牌，
更要做芯片！！
新产品
不怕嘲笑！

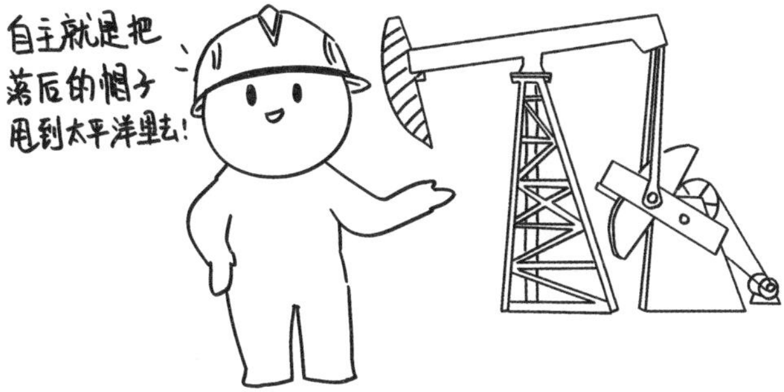
自主就是把
落后的帽子
甩到太平洋里去!

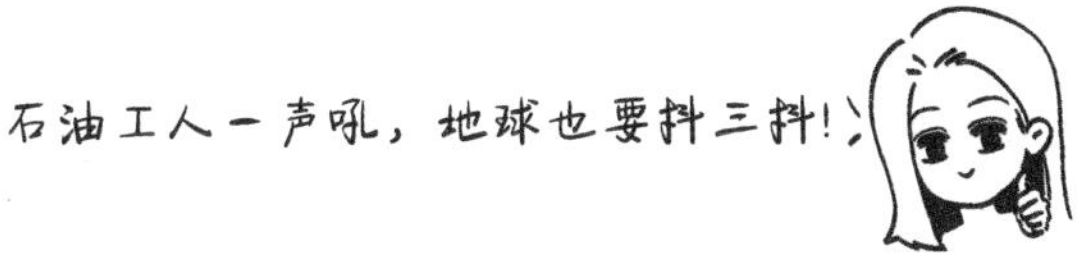
石油工人一声吼，地球也要抖三抖!

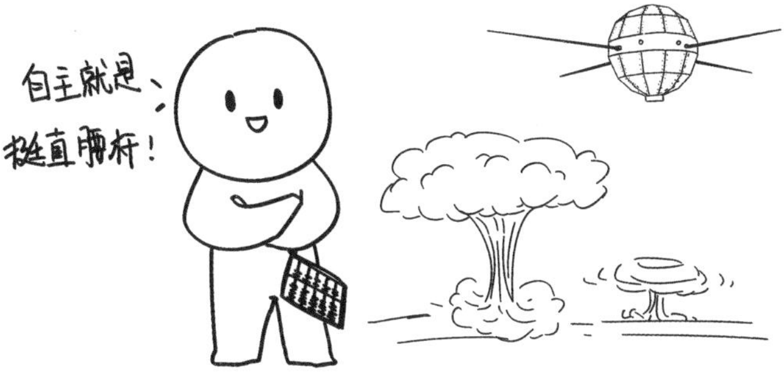
自主就是
挺直腰杆!

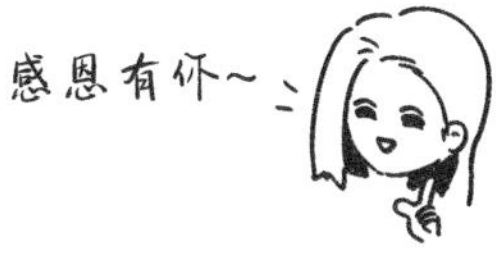
感恩有你~

独立自主是我们党从中国实际出发、依靠党和人民力量进行革命、建设、改革的必然结论。不论过去、现在和将来，我们都要把国家和民族发展放在自己力量的基点上，坚持民族自尊心和自信心，坚定不移走自己的路。

——2013年12月26日，习近平总书记在纪念毛泽东同志诞辰120周年座谈会上的讲话

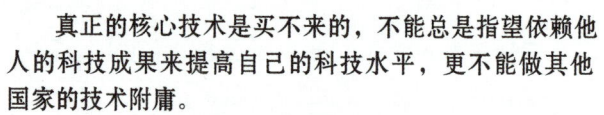

真正的核心技术是买不来的，不能总是指望依赖他人的科技成果来提高自己的科技水平，更不能做其他国家的技术附庸。

——《习近平总书记系列重要讲话读本（2016年版）》

独立自主是中华民族精神之魂，是我们立党立国的重要原则。

——《中共中央关于党的百年奋斗重大成就和历史经验的决议》

全面建设社会主义现代化强国，实现第二个百年奋斗目标，必须走自主创新之路。

——2022年8月，习近平总书记在辽宁考察时的讲话

所以，遇到以下话术时，一定要小心！

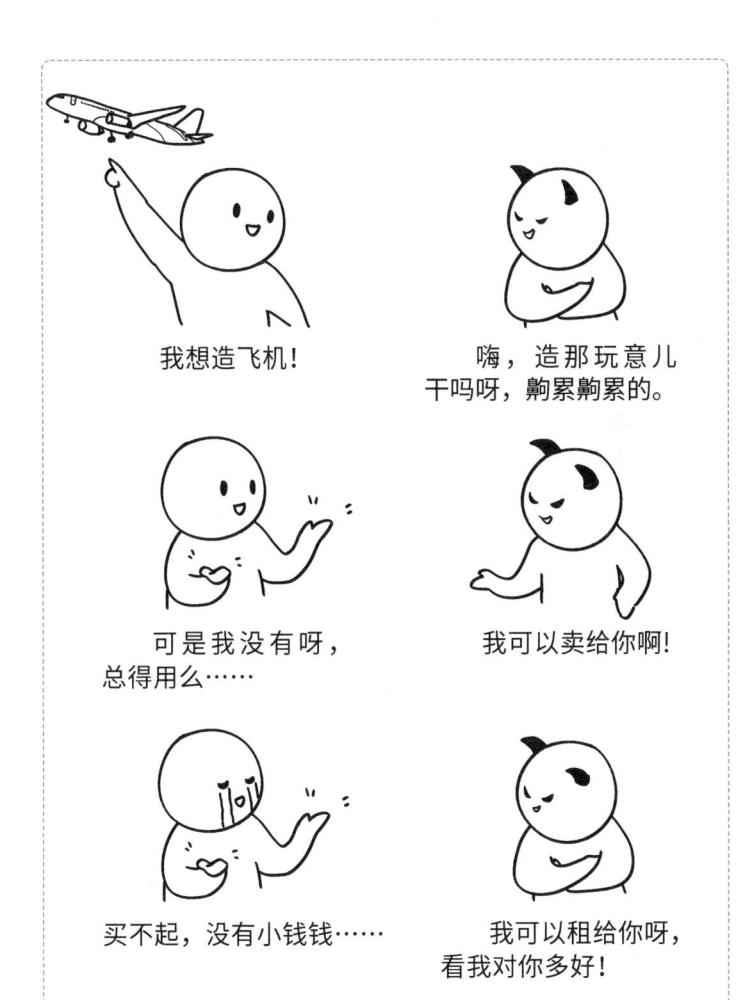

我国出口8亿件衬衣，才能换人家1架飞机，痛心！

这只是全球分工不同嘛~~~

但是我很卑微啊！

我不觉得卑微啊，拿8亿件衬衣换1架飞机也是很有尊严的一件事情~~~

衬衣任何国家都能造，飞机只有一流国家能造，飞机附加值那么高，能一样么？

这是我们最新的汽车!

外观模仿法某利，发动机模仿某众，内饰模仿丰某，方向盘模仿某迪，变速箱模仿某信，连门把手都是模仿某马。

感觉好卑微!

只会搞山寨、搞跃进，你也配造车?

任何国家、企业的发展都是先学习、后创新。历史上美国模仿德国的飞机，日本模仿美国的汽车，模仿并不可耻，可耻的是不思进取，成为别人的附庸殖民地，甘当买办。

| | |
|---|---|
| 我不想做组装、搞代工了，我要研发芯片！ | 搞那干吗呀，投入那么大，而且风险那么大…… |
| 附加值高啊，风浪越大鱼越贵！ | 傻孩子，比这赚钱的路子多得是，金融、医药…… |
| 那研发芯片不能同时干吗？ | 你干的话，会被格外"关照"哦…… |

　　在自主创新的路上，会遭遇"利诱"和"阻击"，这恰恰说明我们做对了，人间正道是沧桑，对此我们一定要坚定信心，新中国的成长经验告诉我们，围堵我们的人其实都是"纸老虎"，只要进行不屈不挠的努力，我们就一定能够获得创新的成功。

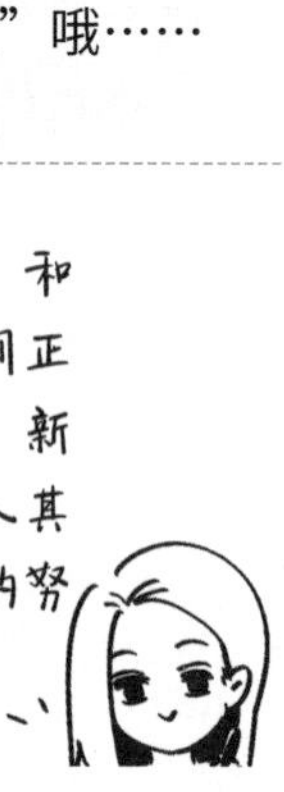

## 三 摆脱"两个传统"

### 1.摆脱传统经济增长方式

**经济增长方式主要有两种：**

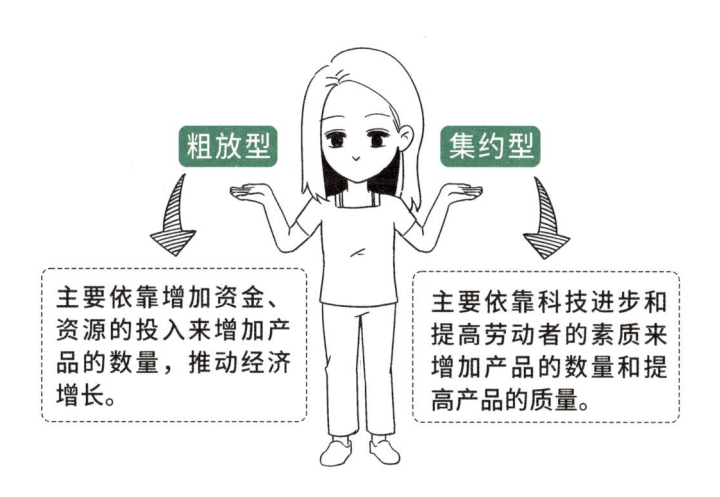

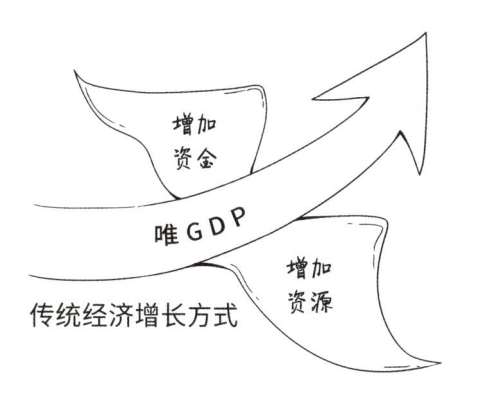

粗放型

集约型

主要依靠增加资金、资源的投入来增加产品的数量，推动经济增长。

主要依靠科技进步和提高劳动者的素质来增加产品的数量和提高产品的质量。

增加资金

唯GDP

增加资源

传统经济增长方式

我们就是要摆脱这种经济发展方式。

这里就要说一下GDP是什么。

# GDP

国内生产总值（Gross Domestic Product，简称GDP）是一个国家和地区所有常住单位在一定时期内生产活动的最终成果。

2023年全球GDP排名（前五名）

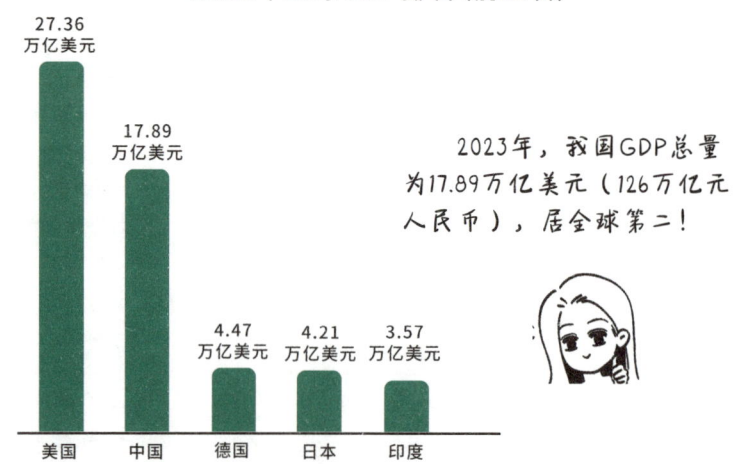

- 美国：27.36万亿美元
- 中国：17.89万亿美元
- 德国：4.47万亿美元
- 日本：4.21万亿美元
- 印度：3.57万亿美元

2023年，我国GDP总量为17.89万亿美元（126万亿元人民币），居全球第二！

那么GDP该怎么计算呢？

一般有三种方法，即生产法、收入法和支出法。比如，生产法就是：

## 增加值=总产出−中间投入

（将国民经济各行业的增加值相加，得到国内生产总值）

**总产出**，即在一定时期内，常住单位生产的所有货物和服务的价值总和。

**中间投入**，是指一定时期内所有常住单位在生产或提供货物与服务活动过程中，消耗和转换的所有非固定资产的货物和服务的价值，一般按购买者价格计算。这些货物和服务包括各种原材料、燃料、动力及各种辅助性材料，以及支付给非物质生产部门（如金融、保险、文化教育、科学研究等）的服务费用。

**具体怎么计算呢？**

我是养羊的，今年卖出整羊100头，羊肉1000斤，羊毛5000斤，共收入10万元。其中，饲料、电费、广告费、交通费等中间投入5万元。
我的增加值就是10万元-5万元=5万元。

我是开纺织厂的，今年卖出羊毛纱线1万公斤，织出各类织物1万米，共收入100万元。其中，羊毛原料、电费、广告费、机械耗材等中间投入50万元。
我的增加值就是100万元-50万元=50万元。

我是开服装厂的，今年生产服装10万件，共收入1000万元。其中，羊毛、棉花、化纤、纽扣、线材、电费、耗材、广告费、运输费、渠道费等中间投入450万元。
我的增加值就是1000万元-450万元=550万元。

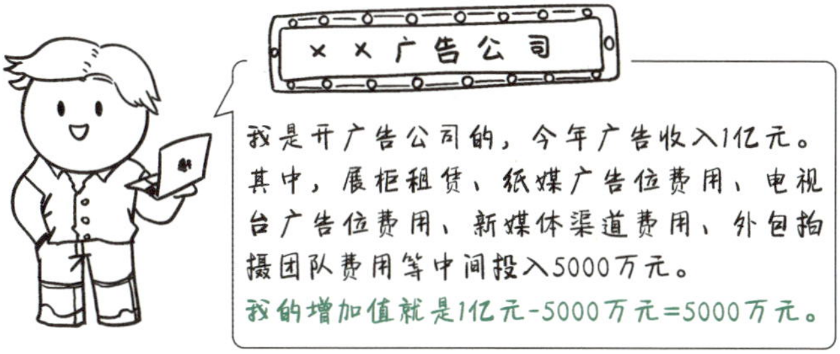

××广告公司

我是开广告公司的,今年广告收入1亿元。其中,展柜租赁、纸媒广告位费用、电视台广告位费用、新媒体渠道费用、外包拍摄团队费用等中间投入5000万元。

**我的增加值就是1亿元-5000万元=5000万元。**

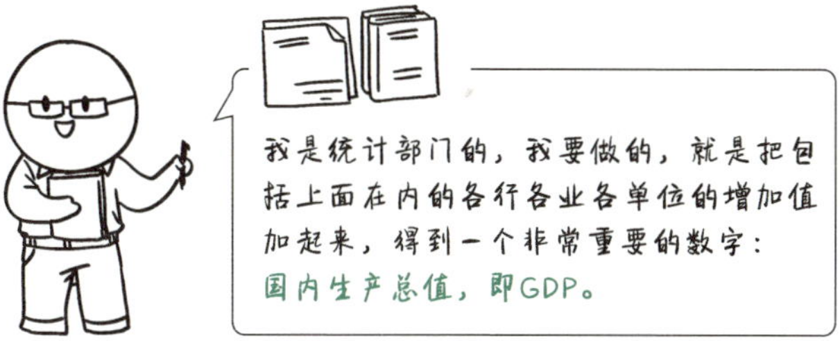

我是统计部门的,我要做的,就是把包括上面在内的各行各业各单位的增加值加起来,得到一个非常重要的数字:**国内生产总值,即GDP。**

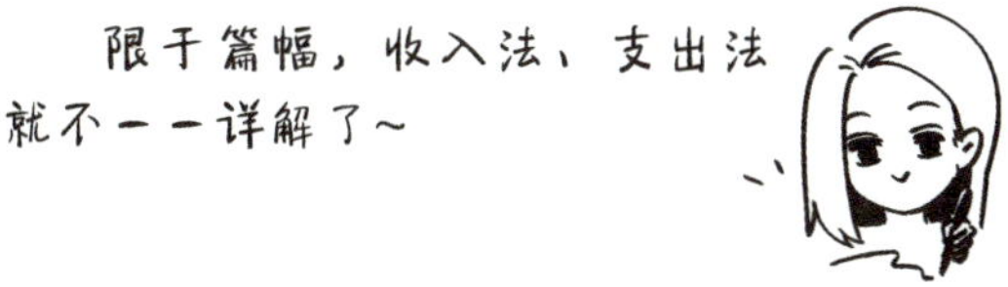

限于篇幅,收入法、支出法就不一一详解了~

可以看出,GDP是国民经济核算的核心指标,也是衡量一个国家或地区经济状况和发展水平的重要指标。**但GDP并不是万能的。**

**（1）不能全面反映经济活动。**

GDP主要基于市场交换的经济活动进行统计，因此忽略了许多重要的经济活动，如家务劳动、公益活动等。

> 不想做家务，做家务很累的！

> 每周我都会参加一次志愿服务！

**（2）不能准确反映经济活动的质量和效益。**

GDP统计包括低效率的投资和无效投资，这些项目虽然增加了GDP，但并不带来社会财富和福利水平的增加。

> 这家企业购买了水泥、钢筋、设备，建了工厂，请我们做广告，拉动了这里的GDP，但这个产业属于夕阳产业，而且产能过剩……

## （3）不能准确反映经济结构。

GDP无法区分不同行业对GDP的贡献，例如，一个国家可能通过工业革命提升了工业化水平，但GDP统计可能仍然主要基于农业产出。

鸦片战争前的1820年，中国的GDP高居世界第一，占全球比重达32.9%，而美国的GDP只占1.8%，欧洲30多个国家的GDP加起来也只占24.9%。

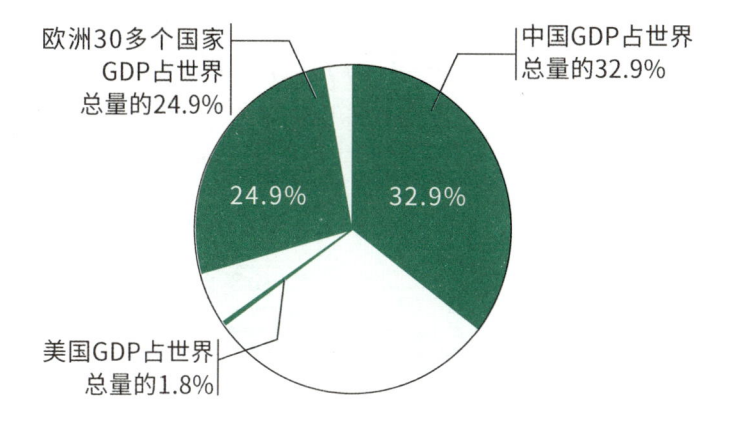

（饼图：欧洲30多个国家GDP占世界总量的24.9%；中国GDP占世界总量的32.9%；美国GDP占世界总量的1.8%）

然而当时中国的GDP中绝大部分是农业，而西方国家通过工业革命大大提升了工业化水平及军事实力。结果是鸦片战争中中国输了。

**（4）不能准确反映社会分配和民生改善。**

　　GDP无法提供关于收入和财富分配不平等的详细信息，即使经济增长带来了GDP增加，也不能保证收入和财富能够公平分配给全体社会成员。

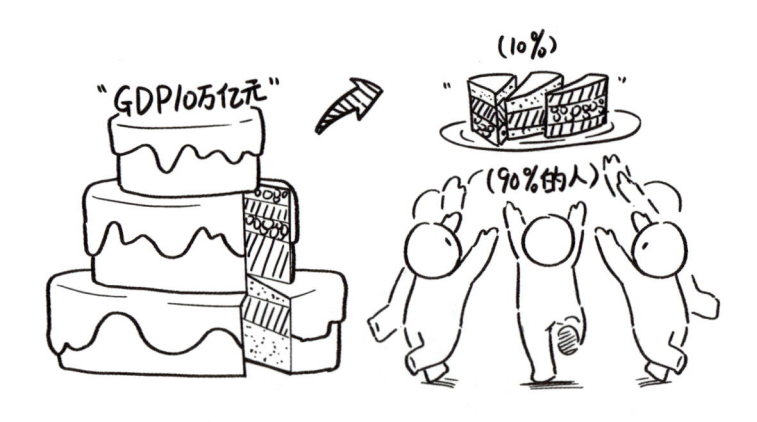

**（5）不能准确反映社会成本。**

GDP统计忽略了环境污染、生态破坏等对社会福利的负面影响。

（6）不能反映人们生活的质量。

两个GDP一样的国家，如果一个国家的国民健康、享有较多闲暇，那么，这个国家国民的幸福感可能更高。

> 我们国家GDP总量全球排名前20，但环境污染严重，人民群众压力大……

> 我们国家GDP总量全球排名60多位，但环境宜人，百姓生活悠闲。

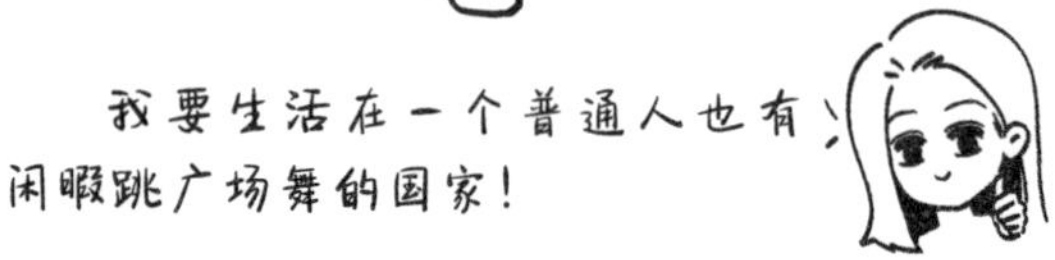

我要生活在一个普通人也有闲暇跳广场舞的国家！

## 2.摆脱传统生产力发展路径

> 生产力发展的主要标志是生产工具的变革。在传统的生产力发展路径中，我们往往依靠"市场换技术"，执着于"引进来"，这有其历史阶段的合理性，但已经不适用于下一步的发展。

我们刚刚引进了两座美国造的高炉，每次能多产10吨铁呢。
现在需要我们自己造高炉了~

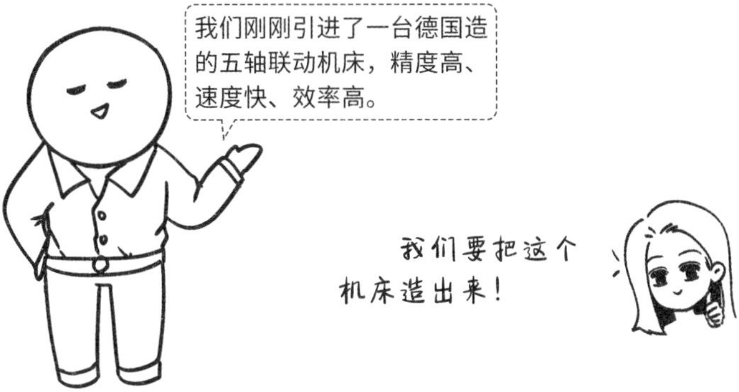
我们刚刚引进了一台德国造的五轴联动机床，精度高、速度快、效率高。
我们要把这个机床造出来！

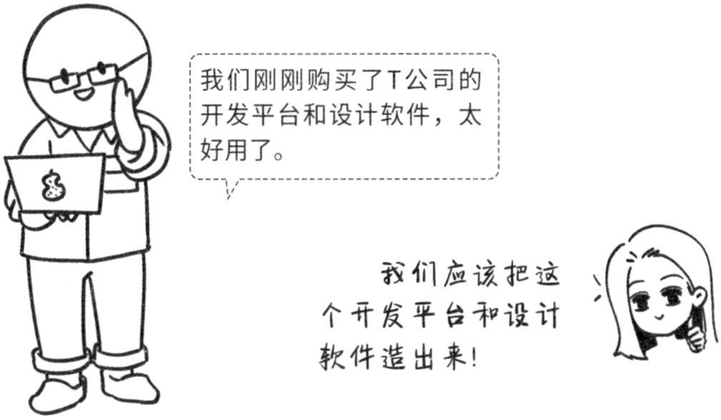
我们刚刚购买了T公司的开发平台和设计软件，太好用了。
我们应该把这个开发平台和设计软件造出来！

> 用ChatGPT每天能写10万字。

这个内容生成大模型，我们必须得造出来！

## 四 具有三个特征：高科技、高效能、高质量

### 1. 高科技

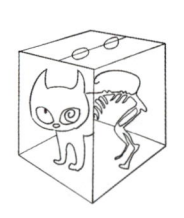

高科技，是一个不断发展的概念。一般而言，是指当代新兴学科与高技术水平，特别是尖端技术和先导技术，是生产力发挥巨大作用的重要因素。

高科技也称"高技术"。新质生产力具备"高科技"特征，就意味着：

**（1）劳动工具具备高科技特征。**

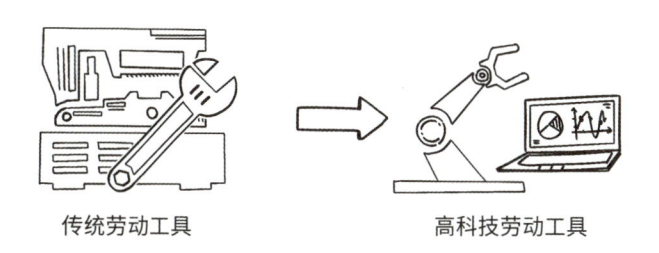

传统劳动工具 ⇨ 高科技劳动工具

**（2）劳动对象因高科技得到拓展。**

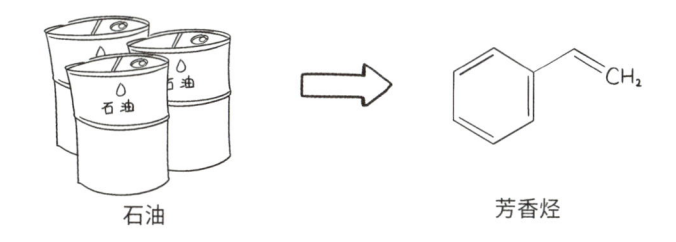

石油 ⇨ 芳香烃

**（3）劳动者具备高科技素养。**

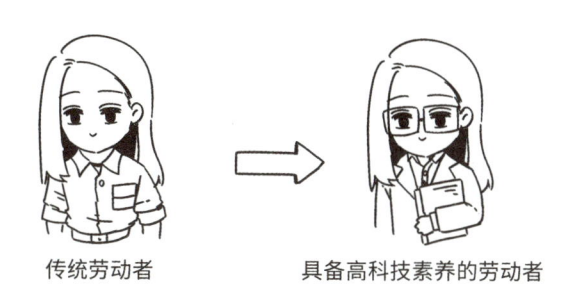

传统劳动者 ⇨ 具备高科技素养的劳动者

## 2.高效能

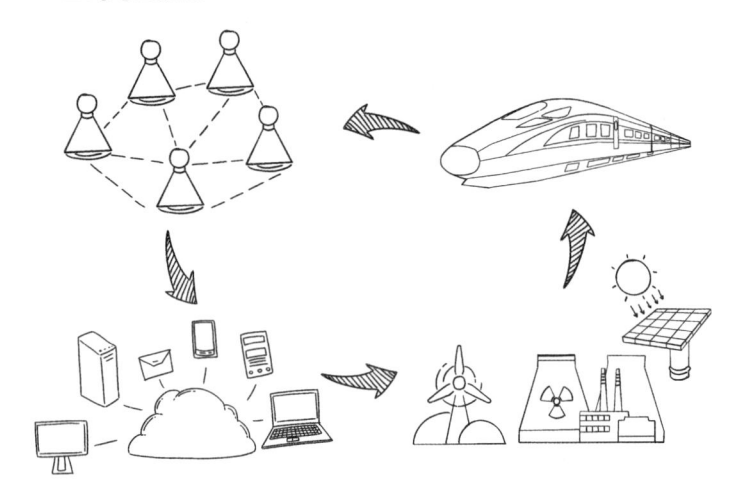

高效能，一般而言，是指用最少的时间完成最多的任务和项目，在单位时间内获得最大的成果，同时确保质量和效益。这就要求人、财、物、数据、技术等要素的快速流通和充分有效配置。

新质生产力具备"高效能"特征，就意味着：

**（1）生产实现高效能。**

**传统汽车厂**：1000名技术工人，每天生产5台小汽车。

**新型智能汽车厂**：100名工程师，每天生产20台小汽车。

**（2）交通实现高效能。**

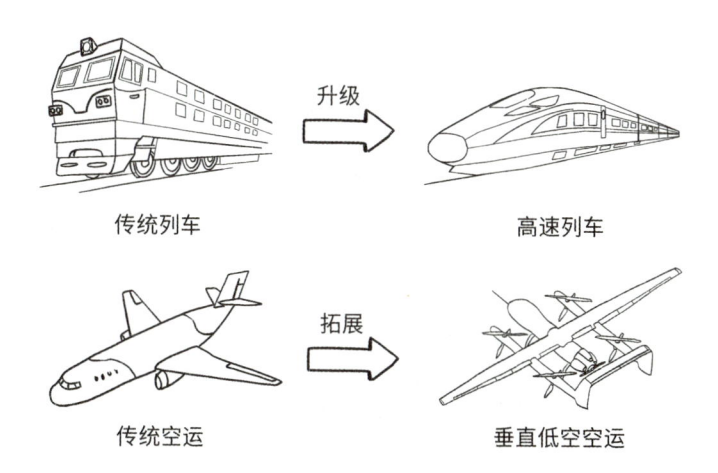

传统列车 ⇒升级⇒ 高速列车

传统空运 ⇒拓展⇒ 垂直低空空运

**（3）信息流通实现高效能。**

3G → 4G → 5G → 6G

我国已累计建成5G基站近400万个，5G用户普及率超过60%。

### （4）生产组织实现高效能。

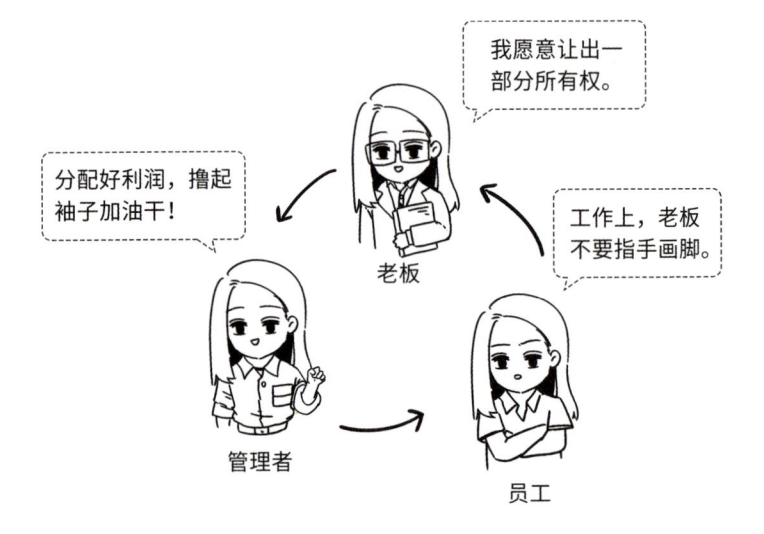

我愿意让出一部分所有权。

分配好利润，撸起袖子加油干！

工作上，老板不要指手画脚。

老板

管理者

员工

## 3.高质量

唯GDP

高质量，一般而言是指不简单追求数量和增速，而是以质量和效益为首要目标的综合发展；是在已经实现"有没有""大不大""足不足"的基础上，重点关注"好不好""优不优""美不美"。

新质生产力具备"高质量"特征，就意味着：生产力水平从"总体跃升"转变为"整体改善"。

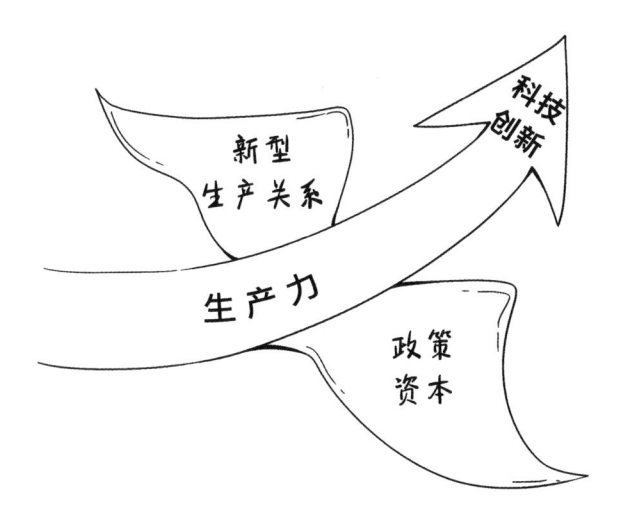

## 五 符合新发展理念

**什么是发展理念?**

发展理念是发展行动的先导,是管全局、管根本、管方向、管长远的东西,是发展思路、发展方向、发展着力点的集中体现。
——2015年11月,习近平《关于〈中共中央关于制定国民经济和社会发展第十三个五年规划的建议〉的说明》

理念是行动的先导,一定的发展实践都是由一定的发展理念来引领的。发展理念是否对头,从根本上决定着发展成效乃至成败。
——《习近平总书记系列重要讲话读本(2016年版)》

**我们的发展理念是什么?**

面对全面建成小康社会决胜阶段复杂的国内外形势，面对当前经济社会发展新趋势新机遇和新矛盾新挑战，党的十八届五中全会坚持以人民为中心的发展思想，鲜明提出了创新、协调、绿色、开放、共享的发展理念。新发展理念符合我国国情，顺应时代要求，在理论和实践上有新的突破，对破解发展难题、增强发展动力、厚植发展优势具有重大指导意义。

——《习近平总书记系列重要讲话读本（2016年版）》

高举中国特色社会主义伟大旗帜，深入贯彻党的十九大和十九届二中、三中、四中、五中全会精神，坚持以马克思列宁主义、毛泽东思想、邓小平理论、"三个代表"重要思想、科学发展观、习近平新时代中国特色社会主义思想为指导，全面贯彻党的基本理论、基本路线、基本方略，统筹推进经济建设、政治建设、文化建设、社会建设、生态文明建设的总体布局，协调推进全面建设社会主义现代化国家、全面深化改革、全面依法治国、全面从严治党的战略布局，坚定不移贯彻创新、协调、绿色、开放、共享的新发展理念，坚持稳中求进工作总基调，以推动高质量发展为主题，以深化供给侧结构性改革为主线，以改革创新为根本动力，以满足人民日益增长的美好生活需要为根本目的，统筹发展和安全，加快建设现代化经济体系，加快构建以国内大循环为主体、国内国际双循环相互促进的新发展格局，推进国家治理体系和治理能力现代化，实现经济行稳致远、社会安定和谐，为全面建设社会主义现代化国家开好局、起好步。

——《中华人民共和国国民经济和社会发展第十四个五年规划和2035年远景目标纲要》

● **新发展理念是坚持以人民为中心的发展理念**

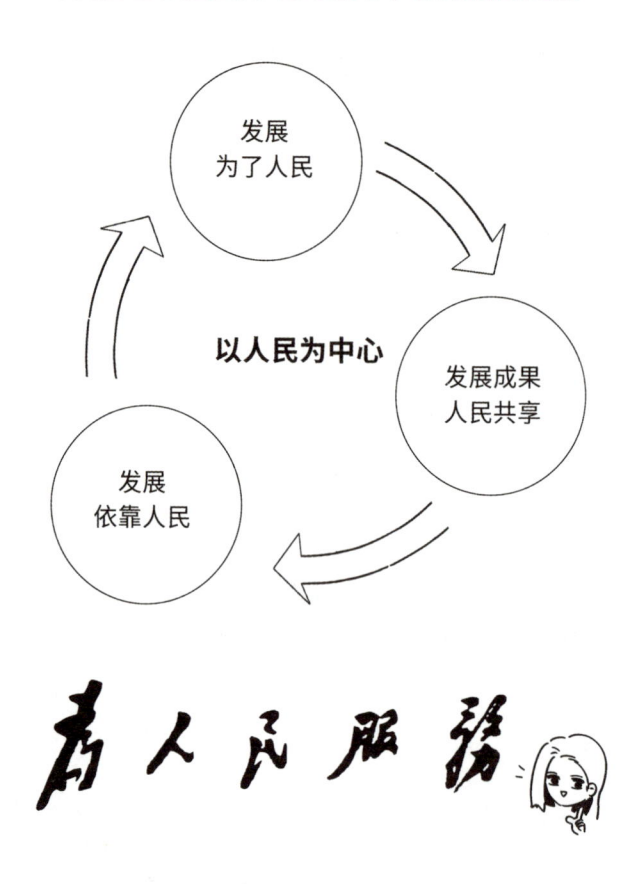

- 发展为了人民
- 发展成果人民共享
- 发展依靠人民

以人民为中心

为人民服务

> 新发展理念就是指挥棒、红绿灯。
> ——2016年1月29日，习近平总书记在中共中央政治局第三十次集体学习时的讲话

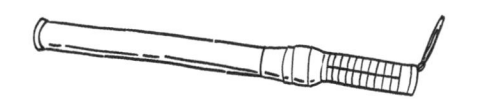

指挥棒的作用就是指挥，哪里走、哪里停、往哪走、怎么走。

红绿灯决定什么能走、什么不能走、什么时间走、什么时间停。

2018年3月11日，第十三届全国人民代表大会第一次会议通过的《中华人民共和国宪法修正案》在"自力更生，艰苦奋斗"前增写"贯彻新发展理念"。

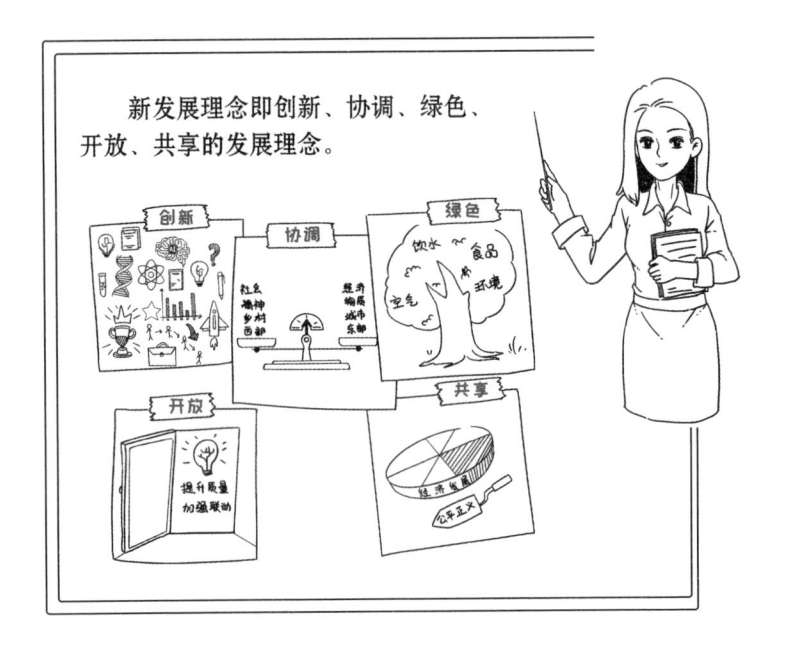

新发展理念即创新、协调、绿色、开放、共享的发展理念。

## 1.创新

创新发展注重的是解决发展动力问题。我国创新能力不强，科技发展水平总体不高，科技对经济社会发展的支撑能力不足，科技对经济增长的贡献率远低于发达国家水平，这是我国这个经济大个头的"阿喀琉斯之踵"。

——2015年10月29日，习近平总书记在党的十八届五中全会第二次全体会议上的讲话

传说中，阿喀琉斯的母亲为了让他刀枪不入，就将刚刚出生的阿喀琉斯倒提着浸入冥河之水洗澡，因为她提着阿喀琉斯的脚后跟，所以阿喀琉斯的脚后跟没有被冥河之水浸泡。

阿喀琉斯长大后，果然刀枪不入，英勇善战。

但后来敌人射中了阿喀琉斯的脚后跟，他就死了。

所以，"阿喀琉斯之踵"就是武侠小说中常说的"罩门"和"死穴"。

2023年，我国GDP居全球第二，是名副其实的大块头。

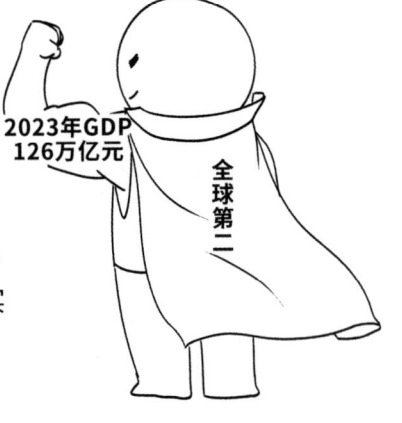

2023年GDP
126万亿元

全球第二

但我们的"死穴"是：

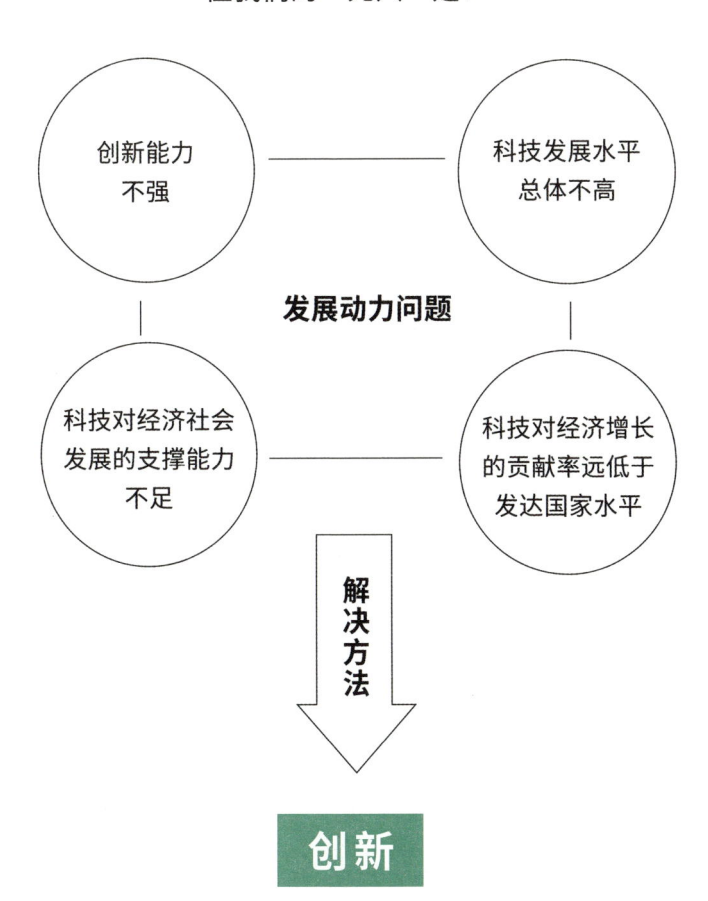

- 创新能力不强
- 科技发展水平总体不高
- 科技对经济社会发展的支撑能力不足
- 科技对经济增长的贡献率远低于发达国家水平

**发展动力问题**

↓ 解决方法

**创新**

> 坚持创新发展，必须把创新摆在国家发展全局的核心位置，不断推进理论创新、制度创新、科技创新、文化创新等各方面创新，让创新贯穿党和国家一切工作，让创新在全社会蔚然成风。
> ——《中国共产党第十八届中央委员会第五次全体会议公报》

## 2. 协调

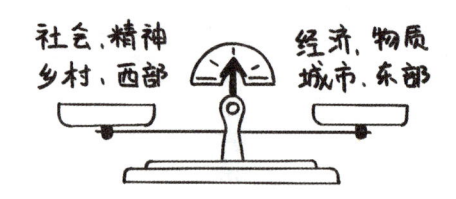

协调发展注重的是解决发展不平衡问题。我国发展不协调是一个长期存在的问题，突出表现在区域、城乡、经济和社会、物质文明和精神文明、经济建设和国防建设等关系上。在经济发展水平落后的情况下，一段时间的主要任务是要跑得快，但跑过一定路程后，就要注意调整关系，注重发展的整体效能，否则"木桶"效应就会愈加显现，一系列社会矛盾会不断加深。

——2015年10月29日，习近平总书记在党的十八届五中全会第二次全体会议上的讲话

（1）区域要协调。

**东部地区：** 北京、天津、上海、河北、山东、江苏、浙江、福建、广东、海南。

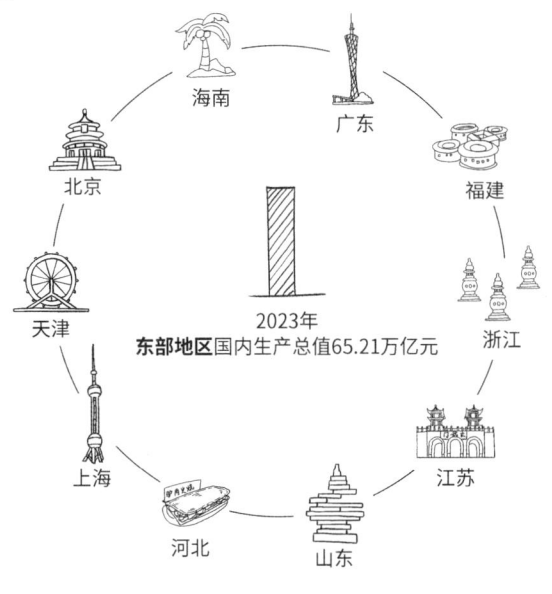

2023年
**东部地区**国内生产总值65.21万亿元

**西部地区：** 重庆、四川、云南、贵州、广西、西藏、陕西、甘肃、宁夏、青海、新疆、内蒙古。

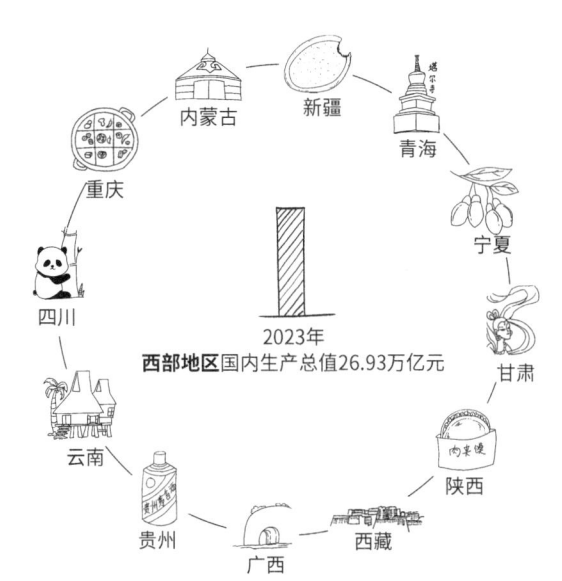

2023年
**西部地区**国内生产总值26.93万亿元

**中部地区:** 山西、河南、安徽、湖北、湖南、江西。

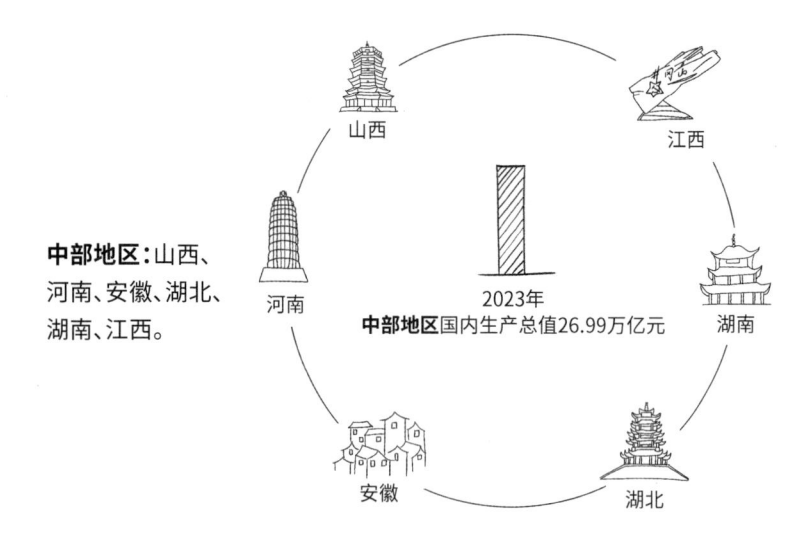

山西 江西 河南 湖南 安徽 湖北

2023年
**中部地区**国内生产总值26.99万亿元

**东北地区:** 黑龙江、吉林、辽宁。

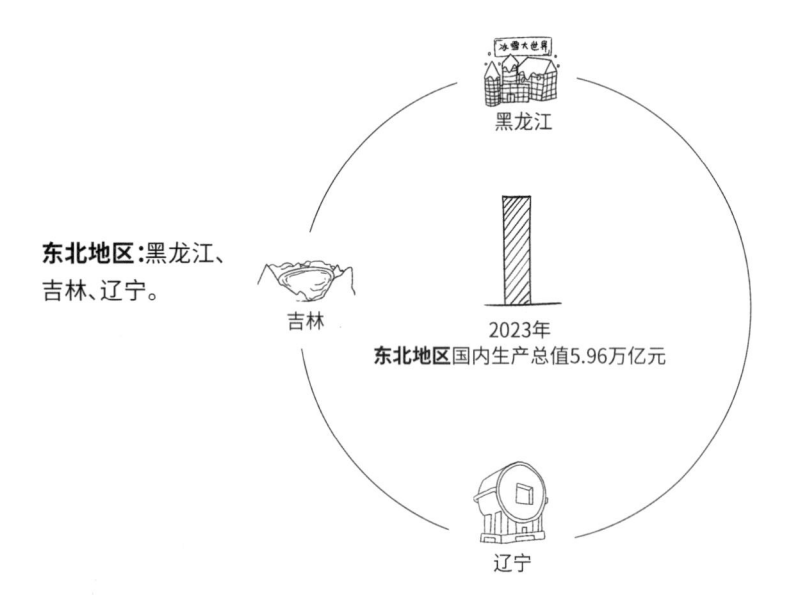

黑龙江 吉林 辽宁

2023年
**东北地区**国内生产总值5.96万亿元

我国东部地区经济较为发达，中部地区、西部地区、东北地区较为落后，确实不协调。

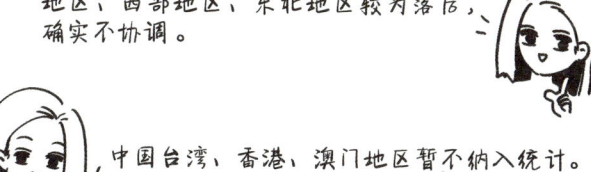

中国台湾、香港、澳门地区暂不纳入统计。

根据第七次全国人口普查数据：截至2020年11月1日零时，全国人口达到14.4亿人，其中常住人口城镇化率达63.89%。

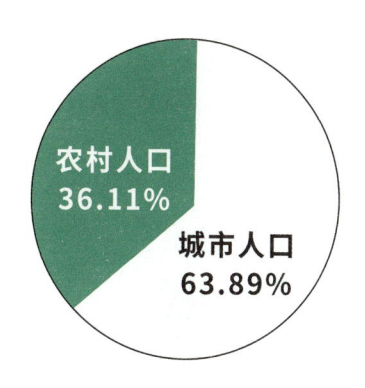

农村人口 36.11%

城市人口 63.89%

根据国家统计局数据：2023年全国居民人均可支配收入39218元。其中城镇居民人均可支配收入51821元，农村居民人均可支配收入21691元。

**2023年全国居民人均可支配收入**

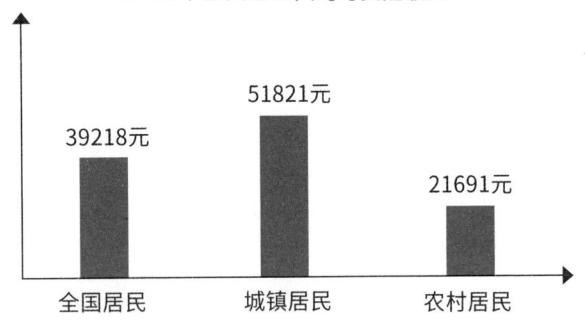

- 全国居民：39218元
- 城镇居民：51821元
- 农村居民：21691元

2023年，全国居民人均消费支出26796元。其中城镇居民人均消费支出32994元，农村居民人均消费支出18175元。

**2023年全国居民人均消费支出**

- 全国居民：26796元
- 城镇居民：32994元
- 农村居民：18175元

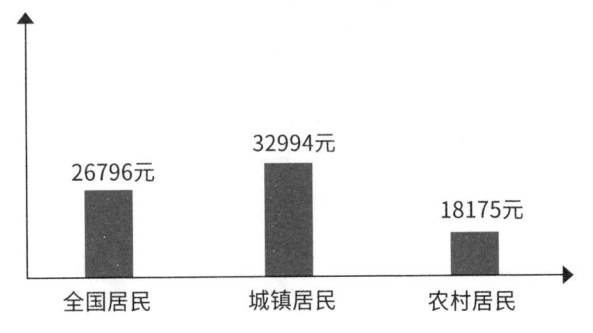

城镇居民人均可支配收入和人均消费支出明显高于农村居民。

**（2）经济和社会要协调。**

社会与经济发展是相互依存的，但是二者在发展过程中也面临着一系列的矛盾和冲突。

一方面，经济发展带来了物质财富的丰富，提高了社会的生产力和创造力。另一方面，环境污染、资源短缺、贫富差距等问题也随之而来，社会各界对经济发展的热情有所降低。因此需要协调，不断寻找平衡。

**（3）物质文明和精神文明需要协调。**

毋庸置疑，我们的物质文明已经取得了巨大的成功，但精神文明还有待进一步加强，比如，近年来出现的：

老人倒地扶不扶

见义勇为学不学

黄赌毒现象

邪教现象

低俗内容

精神文明与物质文明需要相互协调。

**（4）经济建设与国防建设相协调。**

> 经济建设主要是生产，也就是挣钱。

> 国防建设，花钱是必要的。

我们爱好和平，但有战斗力方能止战，对于我们这样的大国，当然不能穷兵黩武，但还是要有保卫祖国和人民的强大的人民武装，而且祖国尚未完全统一……

坚持协调发展，必须牢牢把握中国特色社会主义事业总体布局，正确处理发展中的重大关系，重点促进城乡区域协调发展，促进经济社会协调发展，促进新型工业化、信息化、城镇化、农业现代化同步发展，在增强国家硬实力的同时注重提升国家软实力，不断增强发展整体性。
——《中国共产党第十八届中央委员会第五次全体会议公报》

## 3. 绿色

绿色发展注重的是解决人与自然和谐问题……我国资源约束趋紧、环境污染严重、生态系统退化的问题十分严峻，人民群众对清新空气、干净饮水、安全食品、优美环境的要求越来越强烈。
——2015年10月29日，习近平总书记在党的十八届五中全会第二次全体会议上的讲话

坚持绿水青山就是金山银山理念，坚持尊重自然、顺应自然、保护自然，坚持节约优先、保护优先、自然恢复为主，实施可持续发展战略，完善生态文明领域统筹协调机制，构建生态文明体系，推动经济社会发展全面绿色转型，建设美丽中国。

——《中华人民共和国国民经济和社会发展第十四个五年规划和2035年远景目标纲要》

### （1）提升生态系统质量和稳定性。

①完善生态安全屏障体系。

- 生态保护红线
- 永久基本农田
- 各类海域保护线
- 城镇开发边界

划定落实

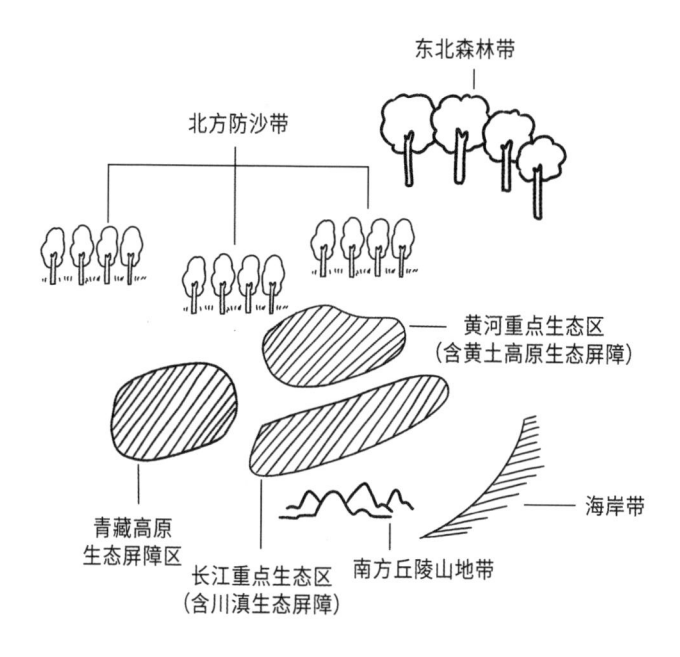

**实施重要生态系统保护和修复重大工程总体布局**

**加强长江、黄河等大江大河和重要湖泊湿地生态保护治理**

全面加强天然林和湿地保护

开展大规模国土绿化行动

科学开展人工影响天气活动

草原　森林　河流　耕地　湖泊

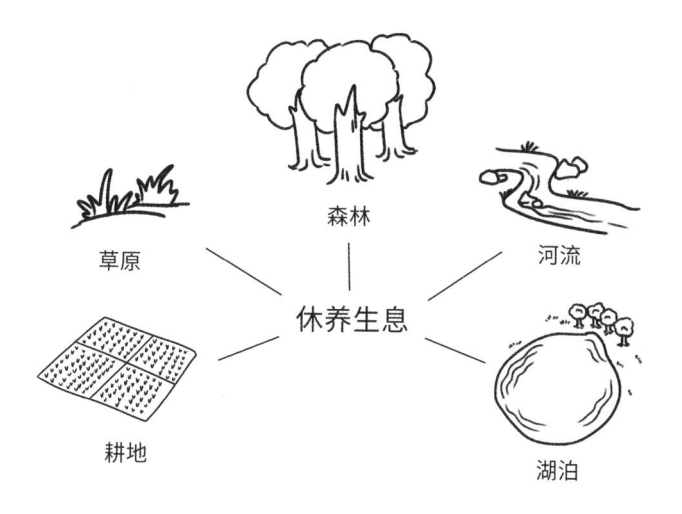

休养生息

推行草原森林河流湖泊休养生息，健全耕地休耕轮作制度

② **构建自然保护地体系。**

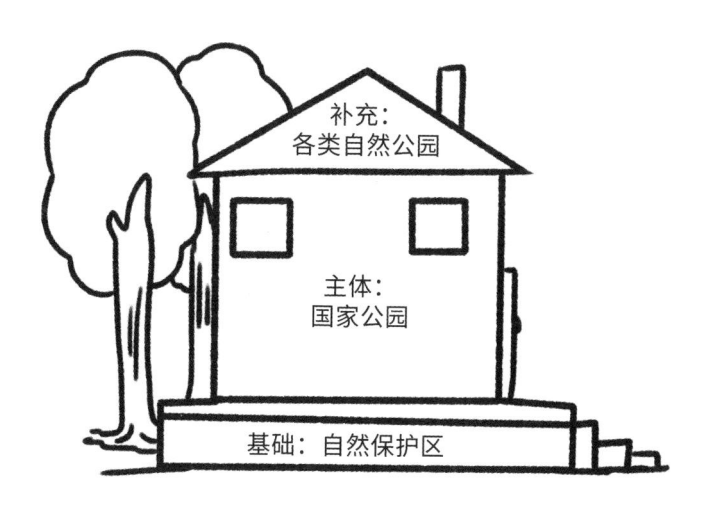

补充：各类自然公园

主体：国家公园

基础：自然保护区

③健全生态保护补偿机制。

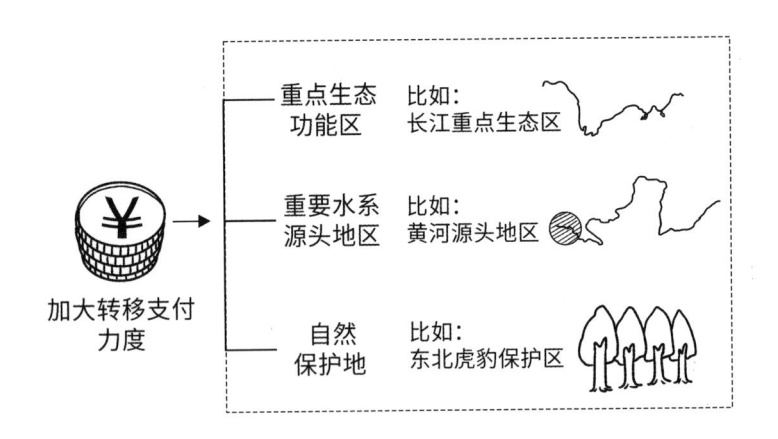

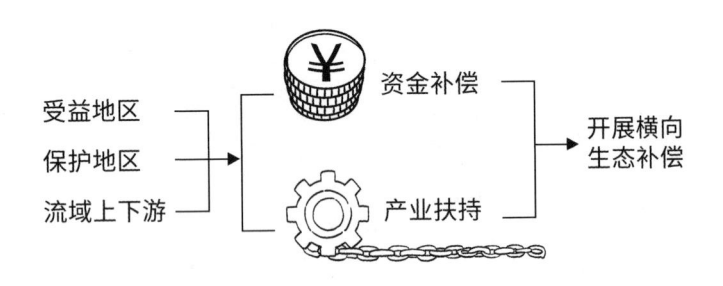

加大转移支付力度 → 
- 重点生态功能区　比如：长江重点生态区
- 重要水系源头地区　比如：黄河源头地区
- 自然保护地　比如：东北虎豹保护区

受益地区
保护地区
流域上下游
→ 资金补偿 / 产业扶持 → 开展横向生态补偿

**（2）持续改善环境质量。**

①深入开展污染防治行动。

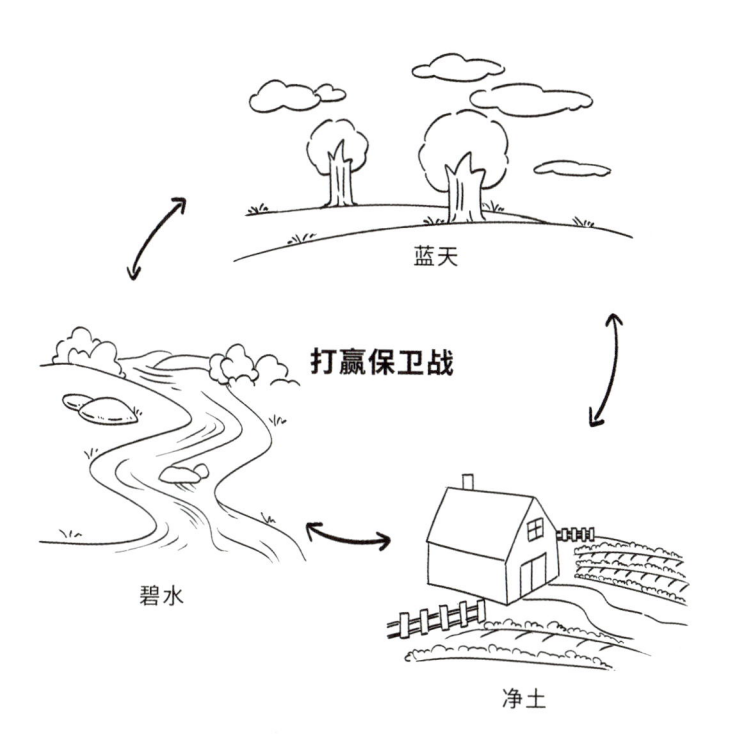

蓝天

打赢保卫战

碧水

净土

② 全面提升环境基础设施水平。

垃圾

污水

构建集污水、垃圾、固废、危废、医废处理处置设施和监测监管能力于一体的环境基础设施体系

固体废弃物

医疗废物

危险废物

③ 严密防控环境风险。

防控

环境风险

④积极应对气候变化。

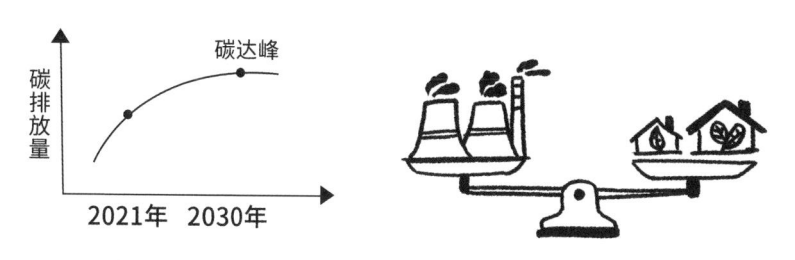

制定2030年前碳排放达峰行动方案　　锚定努力争取2060年前实现碳中和

⑤健全现代环境治理体系。

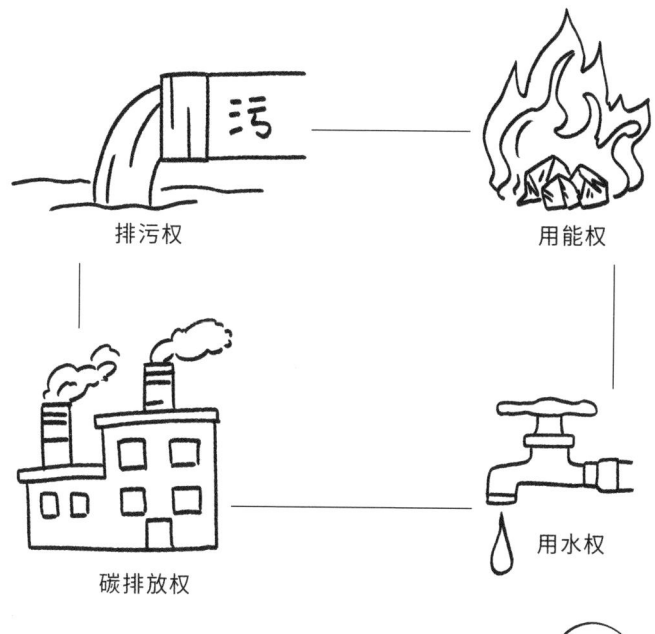

排污权　　　　　　　用能权

碳排放权　　　　　　用水权

推进排污权、用能权、用水权、
碳排放权市场化交易。

**(3) 加快发展方式绿色转型。**

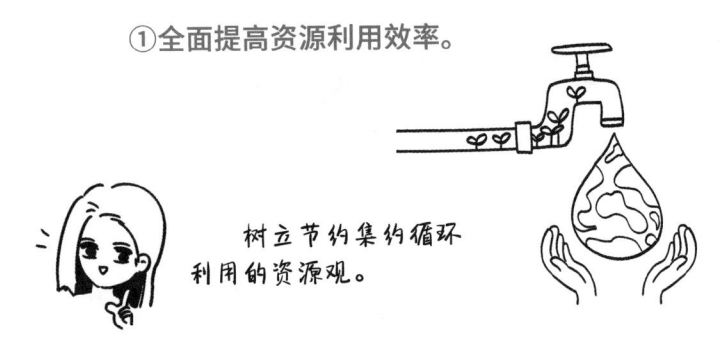

①全面提高资源利用效率。

树立节约集约循环利用的资源观。

②构建资源循环利用体系。

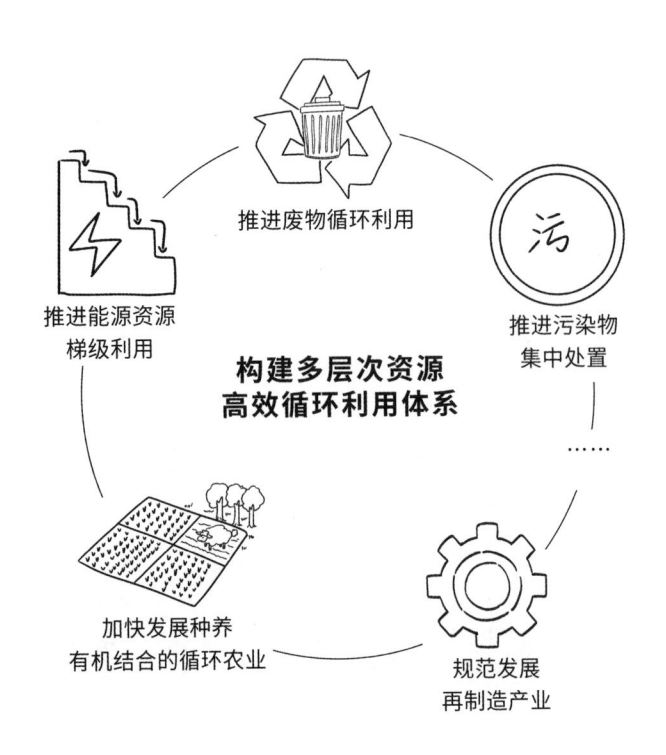

构建多层次资源高效循环利用体系

- 推进废物循环利用
- 推进污染物集中处置
- 规范发展再制造产业
- 加快发展种养有机结合的循环农业
- 推进能源资源梯级利用

③**大力发展绿色经济。**

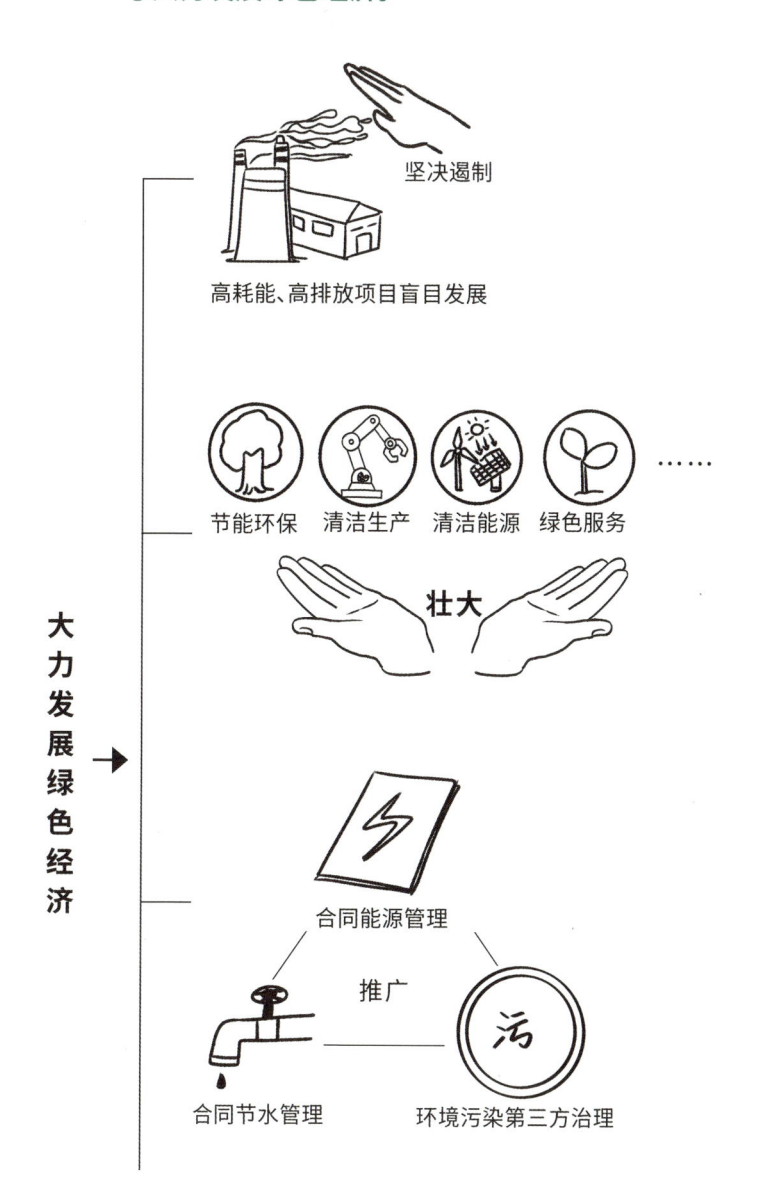

大力发展绿色经济 →

- 坚决遏制 高耗能、高排放项目盲目发展
- 壮大 节能环保、清洁生产、清洁能源、绿色服务……
- 推广 合同能源管理、合同节水管理、环境污染第三方治理

大力发展绿色经济

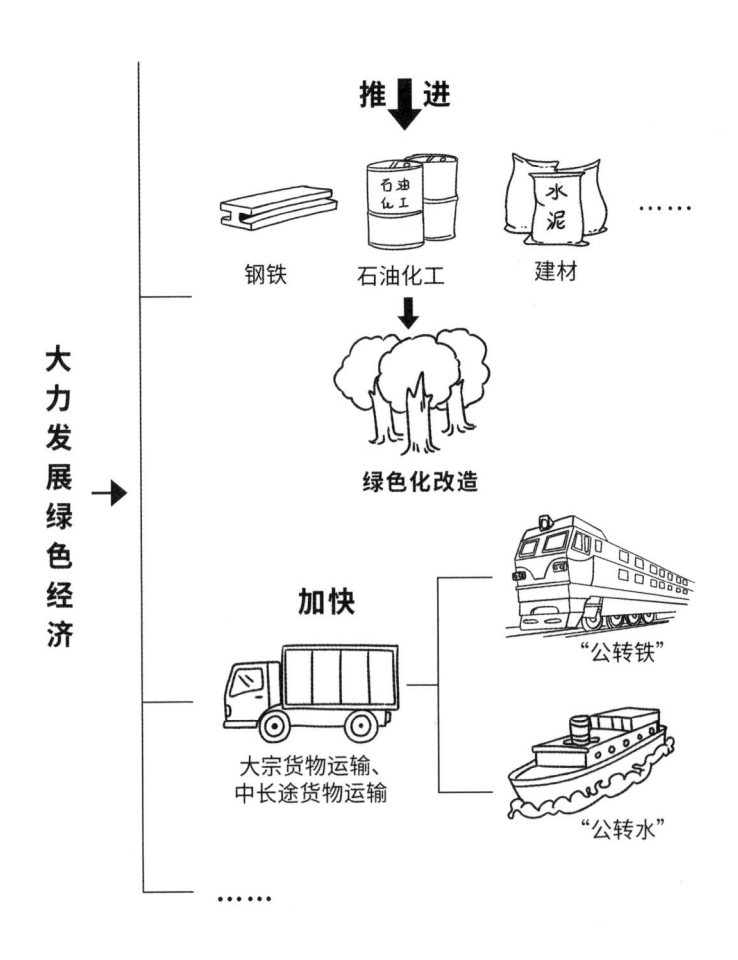

推进 → 钢铁、石油化工、建材…… → 绿色化改造

加快 → 大宗货物运输、中长途货物运输 → "公转铁"、"公转水"

……

④构建绿色发展政策体系。

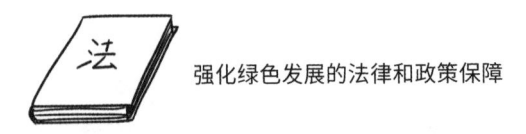

强化绿色发展的法律和政策保障

实施有利于节能环保和资源综合利用的税收政策

大力发展绿色金融

……

  坚持绿色发展，必须坚持节约资源和保护环境的基本国策，坚持可持续发展，坚定走生产发展、生活富裕、生态良好的文明发展道路，加快建设资源节约型、环境友好型社会，形成人与自然和谐发展现代化建设新格局，推进美丽中国建设，为全球生态安全作出新贡献。

——《中国共产党第十八届中央委员会第五次全体会议公报》

## 4.开放

开放发展注重的是解决发展内外联动问题……现在的问题不是要不要对外开放，而是如何提高对外开放的质量和发展的内外联动性。我国对外开放水平总体上还不够高，用好国际国内两个市场、两种资源的能力还不够强，应对国际经贸摩擦、争取国际经济话语权的能力还比较弱，运用国际经贸规则的本领也不够强，需要加快弥补。

——2015年10月29日，习近平总书记<br>在党的十八届五中全会第二次全体会议上的讲话

**（1）一定要开放。**

**（2）提升开放质量。**

实现更大范围、更宽领域、更深层次的对外开放

实现互利共赢

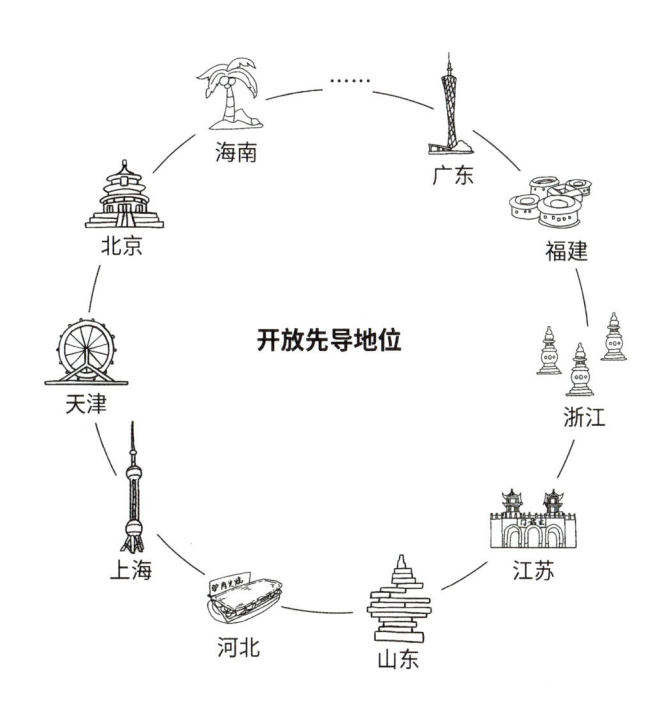

**开放先导地位**

海南　广东　福建　浙江　江苏　山东　河北　上海　天津　北京

巩固东部沿海地区和超大特大城市开放先导地位

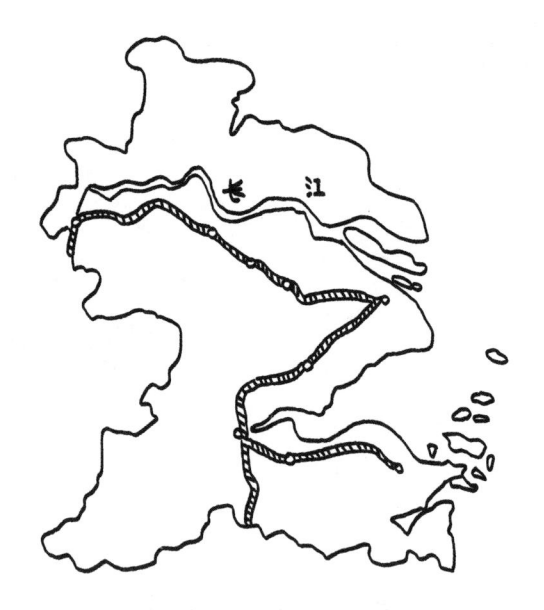

加快培育世界级先进制造业集群

（3）建设更高水平开放型经济新体制。

①加快推进制度型开放。

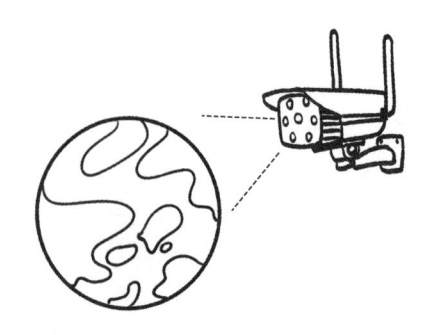

构建与国际通行规则相衔接的制度体系和监管模式

健全外商投资准入前国民
待遇加负面清单管理制度

建立健全跨境服务贸易
负面清单管理制度

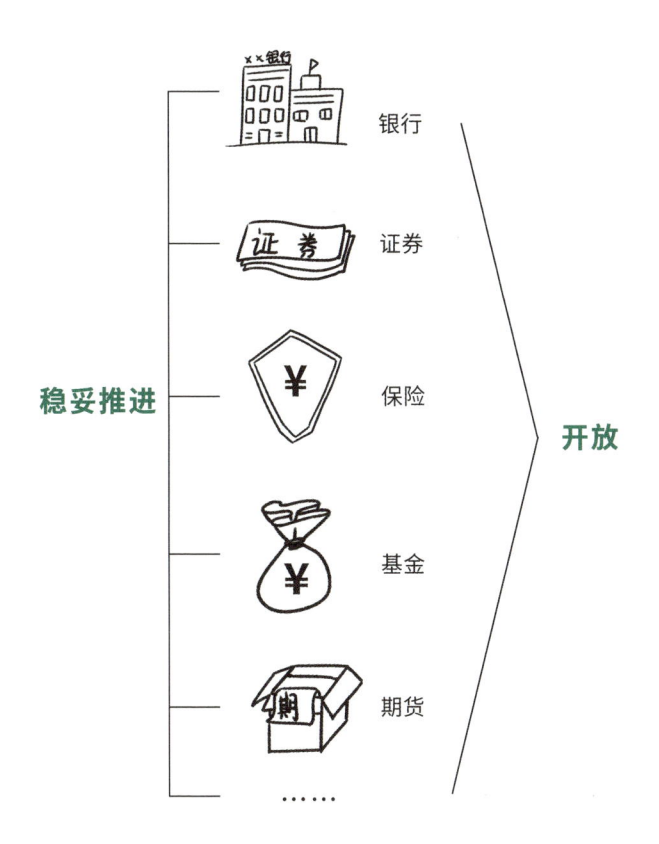

**稳妥推进**

- 银行
- 证券
- 保险
- 基金
- 期货
- ……

**开放**

②提升对外开放平台功能。

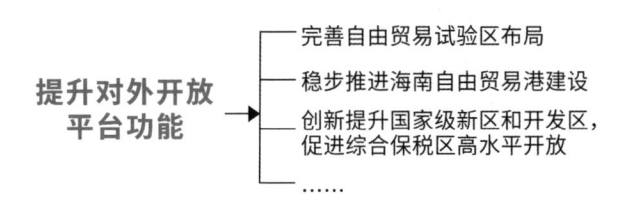

提升对外开放平台功能 → ── 完善自由贸易试验区布局
── 稳步推进海南自由贸易港建设
── 创新提升国家级新区和开发区，促进综合保税区高水平开放
── ……

③优化区域开放布局。

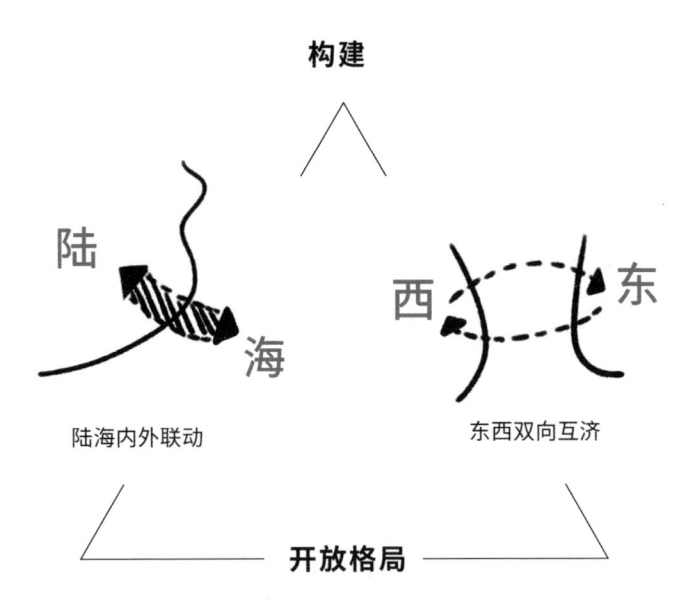

**构建**

陆海内外联动　　东西双向互济

**开放格局**

④健全开放安全保障体系。

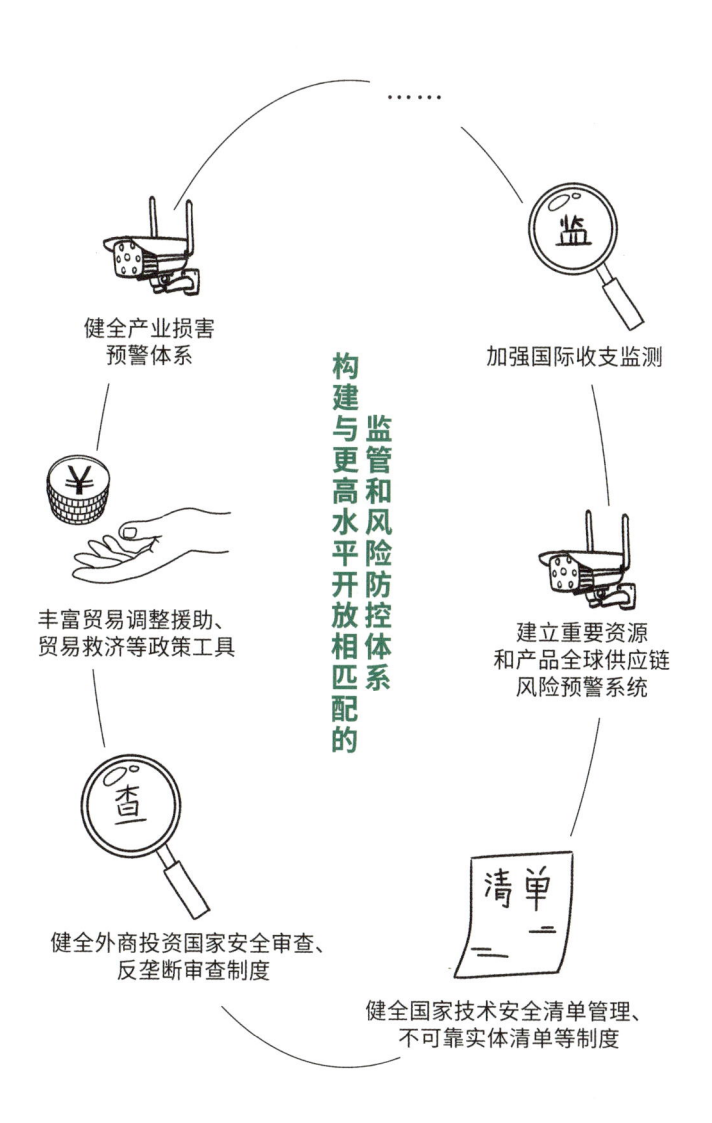

构建与更高水平开放相匹配的监管和风险防控体系

- 健全产业损害预警体系
- 丰富贸易调整援助、贸易救济等政策工具
- 健全外商投资国家安全审查、反垄断审查制度
- 健全国家技术安全清单管理、不可靠实体清单等制度
- 建立重要资源和产品全球供应链风险预警系统
- 加强国际收支监测
- ……

(4) 推动共建"一带一路"高质量发展。

坚持共商共建共享原则，秉持绿色、开放、廉洁理念，深化务实合作，加强安全保障，促进共同发展。

(5) 积极参与全球治理体系改革和建设。

①维护和完善多边经济治理机制。

WTO　积极参与世界贸易组织改革

G20　推动二十国集团等发挥国际经济合作功能

APEC BRICS　建设性参与亚太经合组织、金砖国家等机制经济治理合作，提出更多中国倡议、中国方案

AIIB　支持亚洲基础设施投资银行和新开发银行更好发挥作用

②构建高标准自由贸易区网络。

| 推动区域全面经济伙伴关系协定实施，加快中日韩自由贸易协定谈判进程，稳步推进亚太自贸区建设。 | 积极考虑加入全面与进步跨太平洋伙伴关系协定，推动商签更多高标准自由贸易协定和区域贸易协定。 |

③积极营造良好外部环境。

积极发展全球伙伴关系，推进大国协调和合作，深化同周边国家关系，加强同发展中国家团结合作。

坚持多边主义和共商共建共享原则，维护以联合国为核心的国际体系和以国际法为基础的国际秩序，共同应对全球性挑战。

积极参与重大传染病防控国际合作，推动构建人类卫生健康共同体。

深化对外援助体制机制改革，优化对外援助布局。

积极落实《联合国2030年可持续发展议程》。

　　坚持开放发展，必须顺应我国经济深度融入世界经济的趋势，奉行互利共赢的开放战略，发展更高层次的开放型经济，积极参与全球经济治理和公共产品供给，提高我国在全球经济治理中的制度性话语权，构建广泛的利益共同体。
　　　　　　　　——《中国共产党第十八届中央委员会
　　　　　　　　　　第五次全体会议公报》

## 5.共享

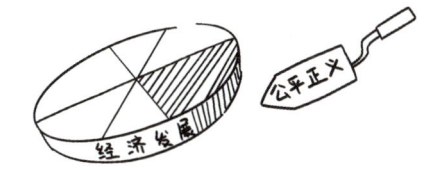

共享发展注重的是解决社会公平正义问题……我国经济发展的"蛋糕"不断做大，但分配不公问题比较突出，收入差距、城乡区域公共服务水平差距较大。在共享改革发展成果上，无论是实际情况还是制度设计，都还有不完善的地方。

——2015年10月29日，习近平总书记在党的十八届五中全会第二次全体会议上的讲话

### （1）全民共享。

即共享发展是人人享有、各得其所，不是少数人共享、一部分人共享。

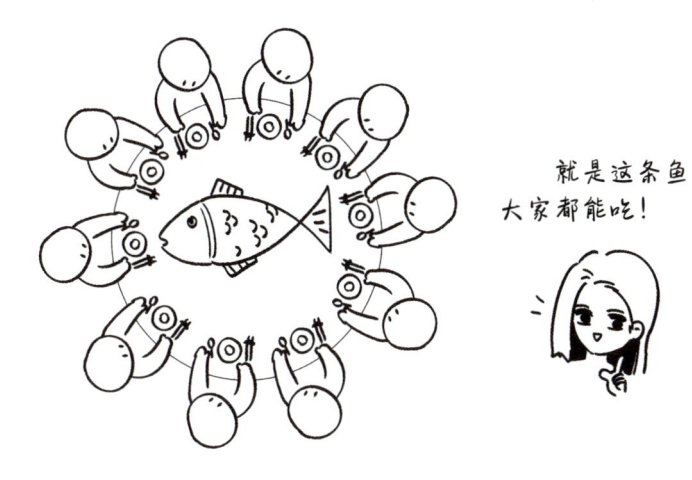

*就是这条鱼大家都能吃！*

**(2) 全面共享。**

即共享发展就要共享国家经济、政治、文化、社会、生态文明各方面建设成果，全面保障人民在各方面的合法权益。

水　电　网

食　医

学　衣

住　行

就是吃穿住用行、教育医疗、个人发展等方方面面成果的共享。

**(3) 共建共享。**

即只有共建才能共享,共建的过程也是共享的过程。

人人为我,我为人人。

**(4) 渐进共享。**

共享发展必将有一个从低级到高级、从不均衡到均衡的过程,即使达到很高的水平也会有差别。

不是同时富裕,但最终目标是共同富裕。

坚持共享发展,必须坚持发展为了人民、发展依靠人民、发展成果由人民共享,作出更有效的制度安排,使全体人民在共建共享发展中有更多获得感,增强发展动力,增进人民团结,朝着共同富裕方向稳步前进。

——《中国共产党第十八届中央委员会第五次全体会议公报》

第 三 章

# 新质生产力
# 的催生

新质生产力由技术革命性突破、生产要素创新性配置、产业深度转型升级而催生。

# 一、技术革命性突破

提到技术,我们会想到很多,比如:

生物技术　　量子技术　　新材料

6G技术　　太阳能技术　　新兴氢能

智能网联新能源汽车　　纳米技术　　创新药

商业航天 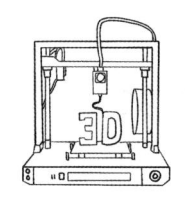　　　　3D打印 　　　　　虚拟现实

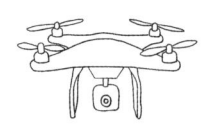

低空技术 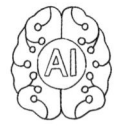　　　　人工智能　　　　……

> 其实新中国的历史就是一个不断进行技术突破的历史。近年来，我们在基础科学和原始创新、战略高技术领域等也取得很多新跨越，比如：

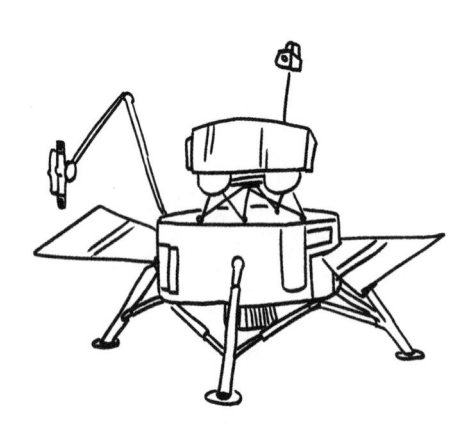

"嫦娥五号"实现地外天体采样返回

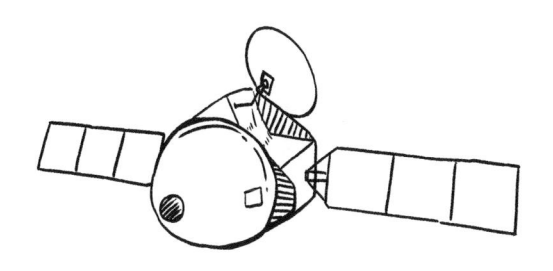

"天问一号"开启火星探测

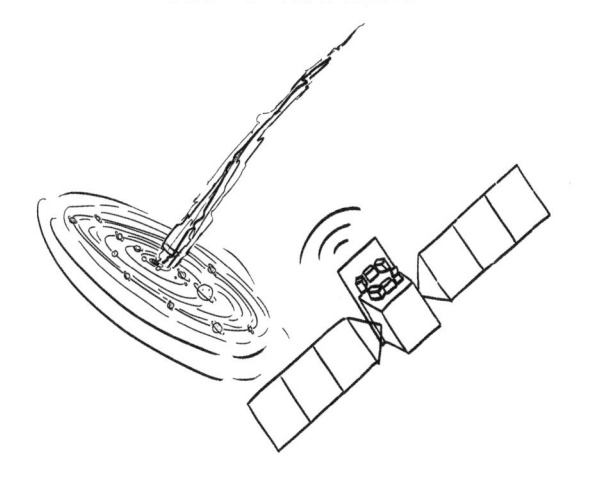

"慧眼"卫星直接测量到迄今宇宙最强磁场

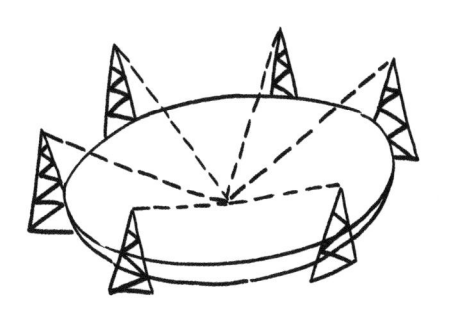

500米口径球面射电望远镜(FAST)首次发现毫秒脉冲星

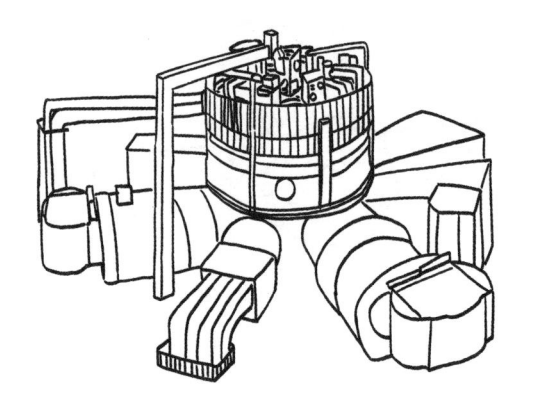

新一代"人造太阳"首次放电

成功构建255个光子的量子计算原型机"九章三号"、62比特可编程超导量子计算原型机"祖冲之号"成功问世

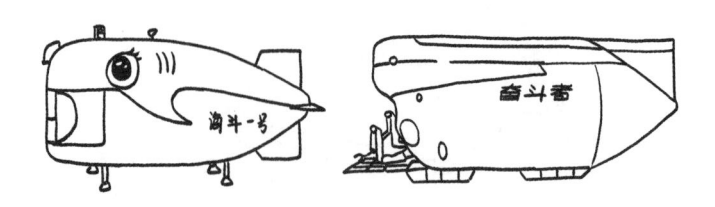

"海斗一号"和"奋斗者"号潜水器成功深渊坐底

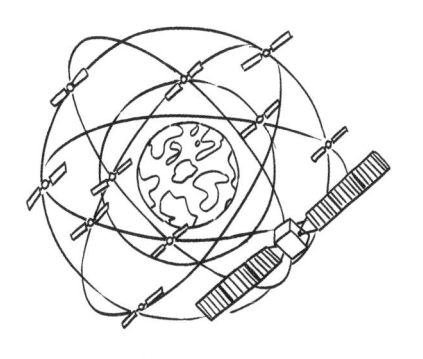

北斗卫星导航系统全面开通

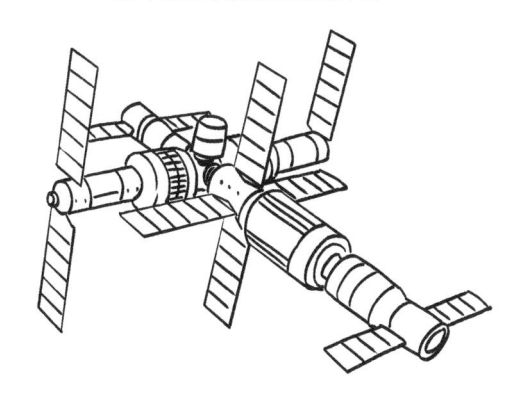

中国空间站天和核心舱成功发射

世界最强流深地核天体物理加速器成功出束

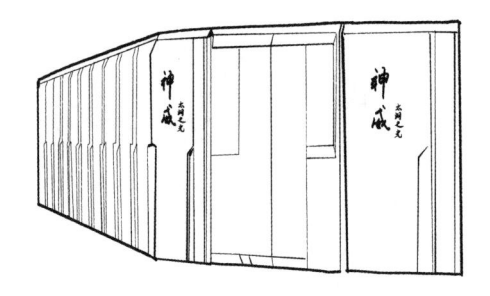

"神威·太湖之光"超级计算机实现千万核心并行第一性原理计算模拟

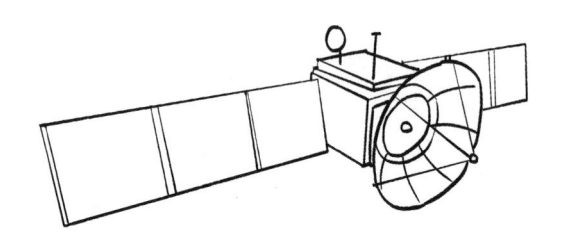

"墨子号"实现基于纠缠的无中继千公里级量子密钥分发

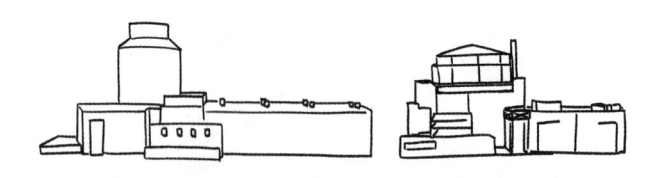

"国和一号"和"华龙一号"三代核电技术取得新突破

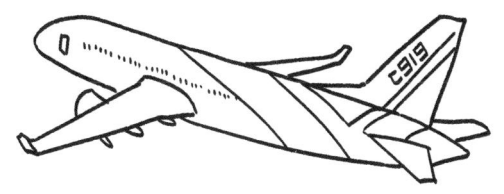

国产大飞机C919投入商业飞行

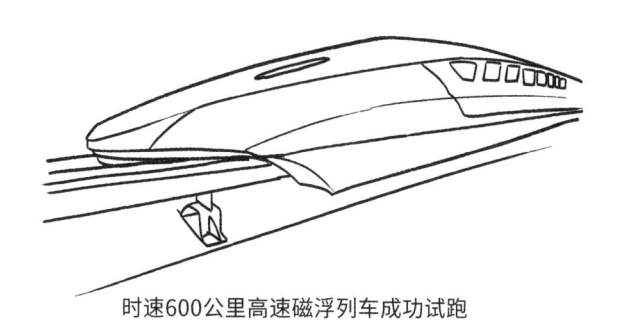

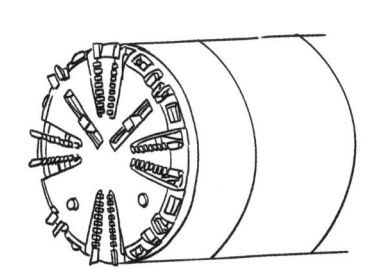

时速600公里高速磁浮列车成功试跑

最大直径盾构机顺利始发

人工智能、数字经济蓬勃发展　　　5G移动通信技术实现规模化应用

新能源汽车加快发展

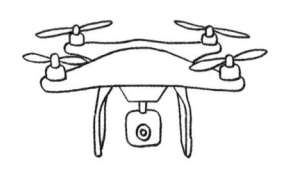

消费级无人机占据70%以上的全球市场

甲醇 → H-SAPO-34 → 乙烯 + 丙烯 + 水

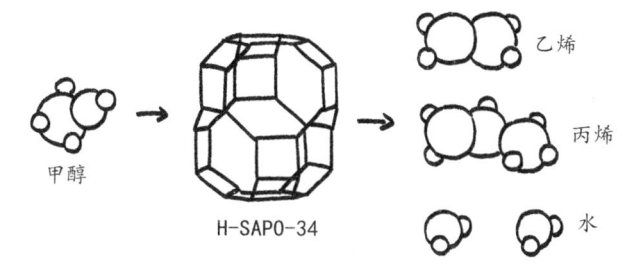

甲醇制烯烃技术持续创新带动了我国煤制烯烃产业快速发展

……

下一步我们还将进行哪些技术革命性突破呢？

2024年1月29日，工业和信息化部、教育部、科学技术部、交通运输部、文化和旅游部、国务院国有资产监督管理委员会、中国科学院七部门印发《关于推动未来产业创新发展的实施意见》，全面布局了未来产业，指出将打造创新标志性产品。

# 1.未来产业

## （1）未来制造。

发展智能制造、生物制造、纳米制造、激光制造、循环制造，突破智能控制、智能传感、模拟仿真等关键核心技术，推广柔性制造、共享制造等模式，推动工业互联网、工业元宇宙等发展。

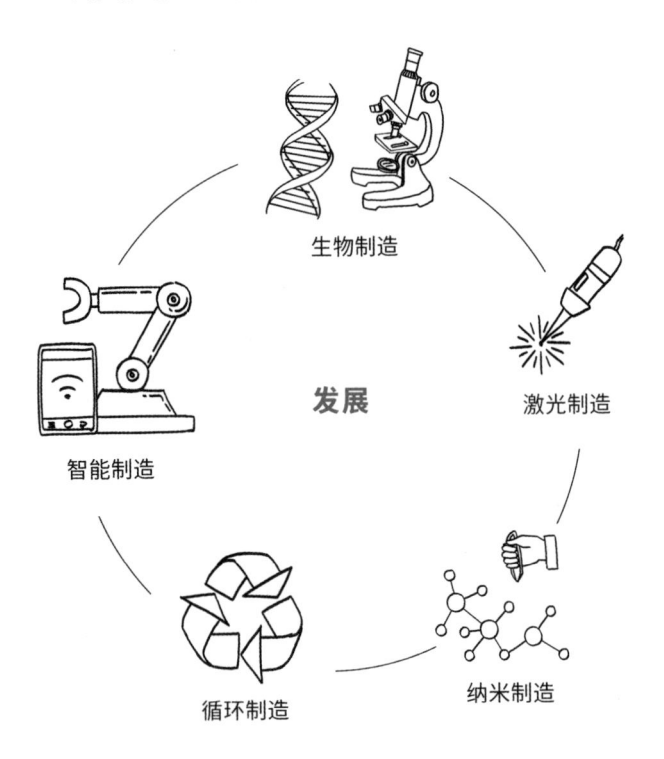

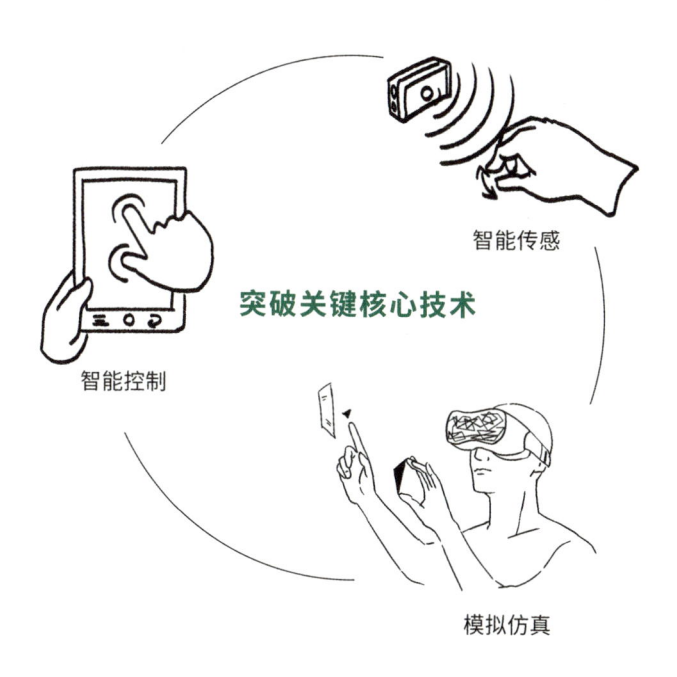

智能传感

智能控制

**突破关键核心技术**

模拟仿真

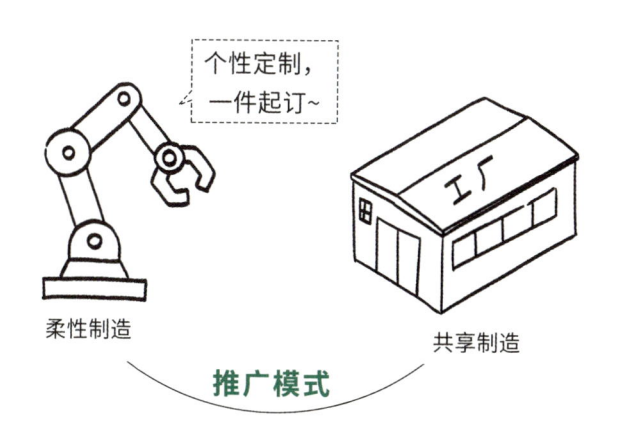

个性定制，一件起订~

柔性制造　　共享制造

**推广模式**

工业互联网　　　　　工业元宇宙

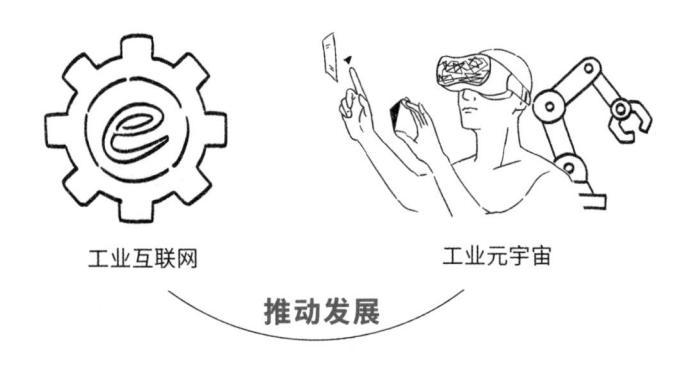

**推动发展**

(2) 未来信息。

推动下一代移动通信、卫星互联网、量子信息等技术产业化应用，加快量子、光子等计算技术创新突破，加速类脑智能、群体智能、大模型等深度赋能，加速培育智能产业。

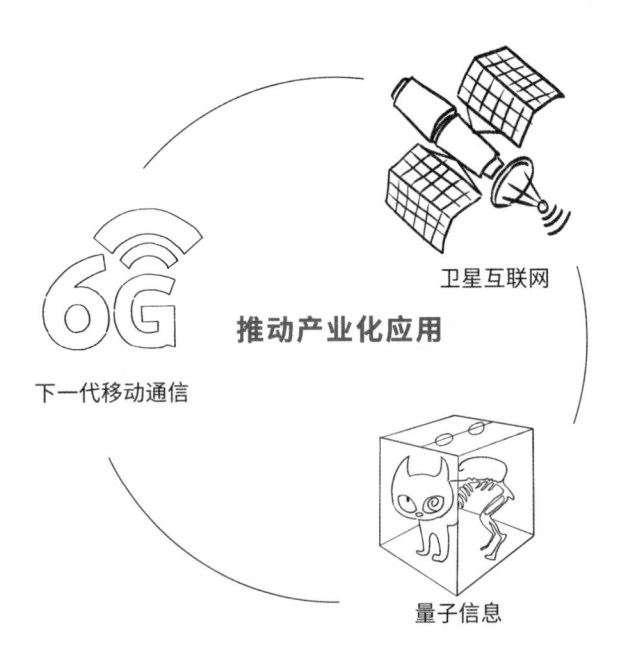

卫星互联网

**推动产业化应用**

下一代移动通信

量子信息

量子计算机　　　　　　光子计算机

**加快创新突破**

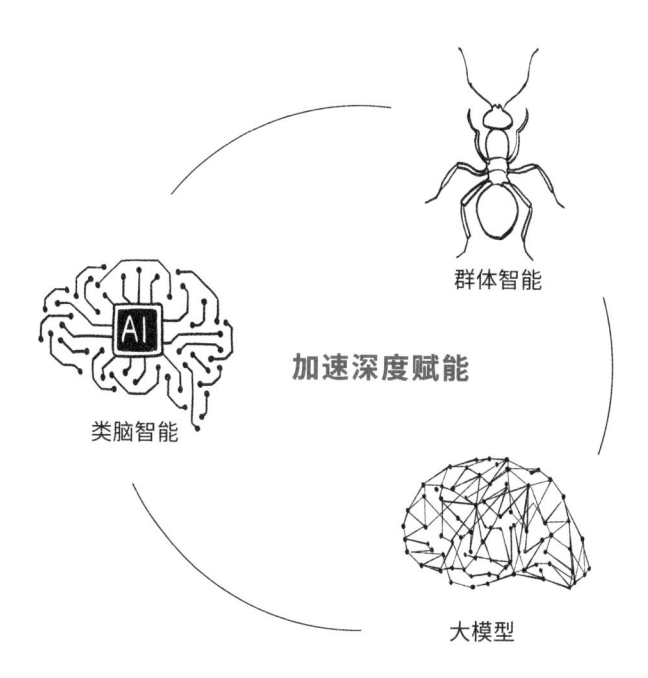

群体智能

**加速深度赋能**

类脑智能

大模型

(3) 未来材料。

推动有色金属、化工、无机非金属等先进基础材料升级，发展高性能碳纤维、先进半导体等关键战略材料，加快超导材料等前沿新材料创新应用。

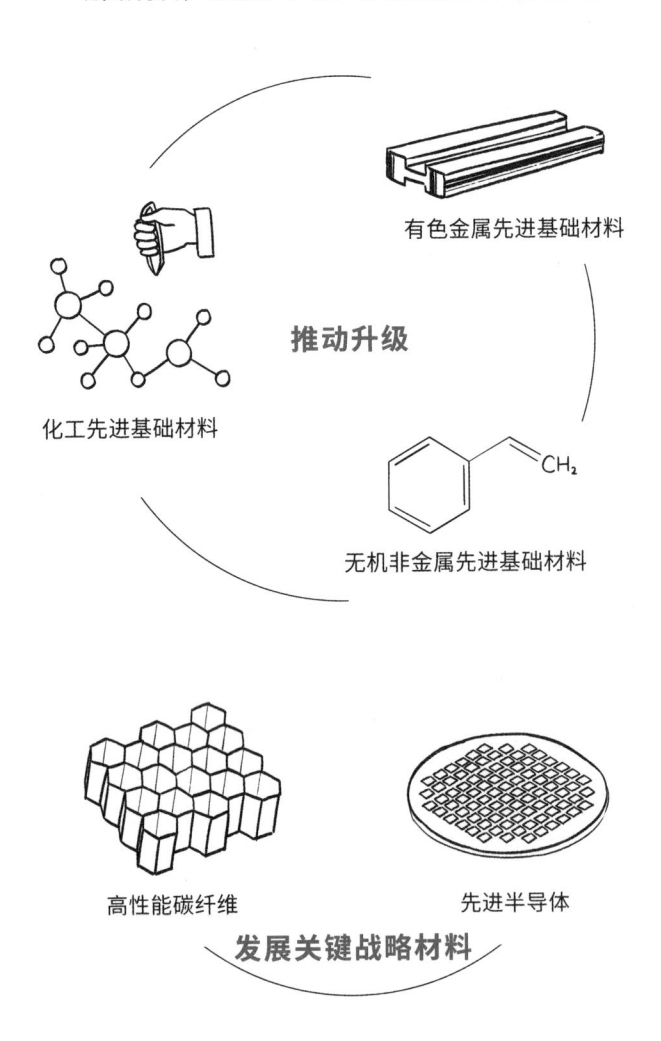

有色金属先进基础材料

推动升级

化工先进基础材料

无机非金属先进基础材料

高性能碳纤维　　先进半导体

**发展关键战略材料**

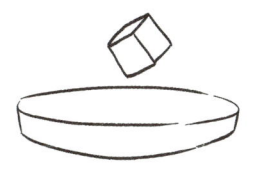

加快超导材料等前沿新材料创新应用

**（4）未来能源。**

聚焦核能、核聚变、氢能、生物质能等重点领域，打造"采集—存储—运输—应用"全链条的未来能源装备体系。研发新型晶硅太阳能电池、薄膜太阳能电池等高效太阳能电池及相关电子专用设备，加快发展新型储能，推动能源电子产业融合升级。

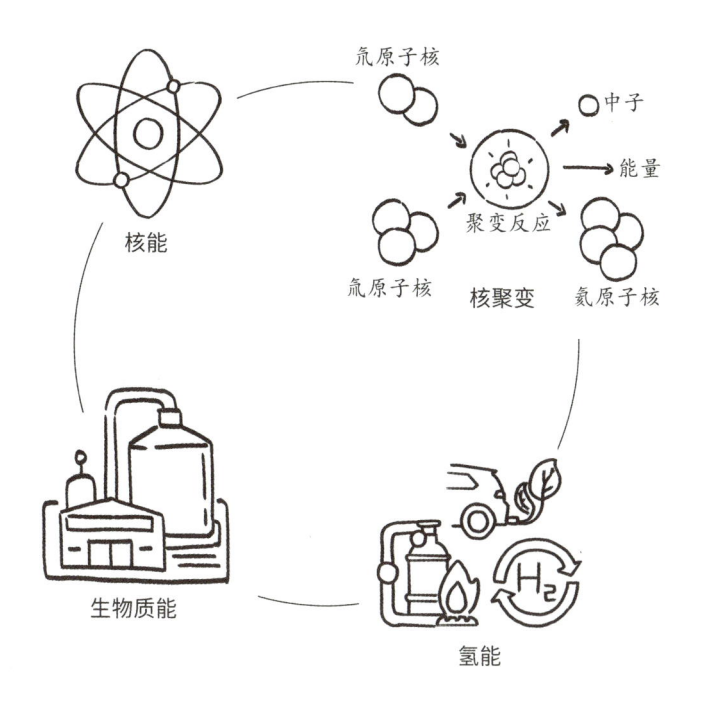

新型硅晶太阳能电池 　　　薄膜太阳能电池

**研发**

**(5) 未来空间。**

聚焦空天、深海、深地等领域，研制载人航天、探月探火、卫星导航、临空无人系统、先进高效航空器等高端装备，加快深海潜水器、深海作业装备、深海搜救探测设备、深海智能无人平台等的研制及创新应用，推动深地资源探采、城市地下空间开发利用、极地探测与作业等领域装备研制。

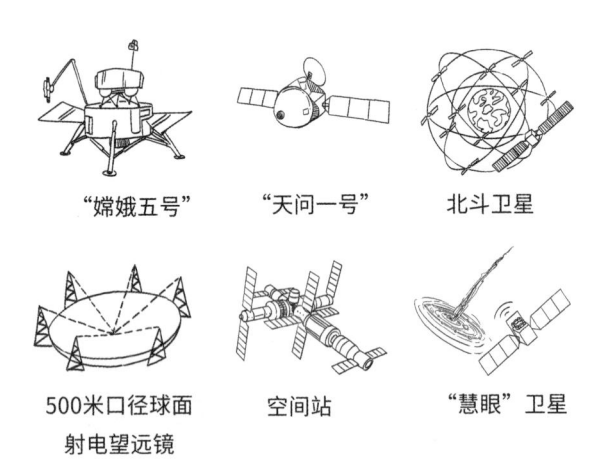

"嫦娥五号"　　　"天问一号"　　　北斗卫星

500米口径球面
射电望远镜　　　空间站　　　"慧眼"卫星

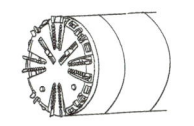

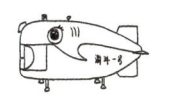

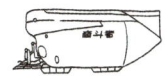

盾构机　　"海斗一号"潜水器　"奋斗者"号潜水器

### (6) 未来健康。

加快细胞和基因技术、合成生物、生物育种等前沿技术产业化，推动5G/6G、元宇宙、人工智能等技术赋能新型医疗服务，研发融合数字孪生、脑机交互等先进技术的高端医疗装备和健康用品。

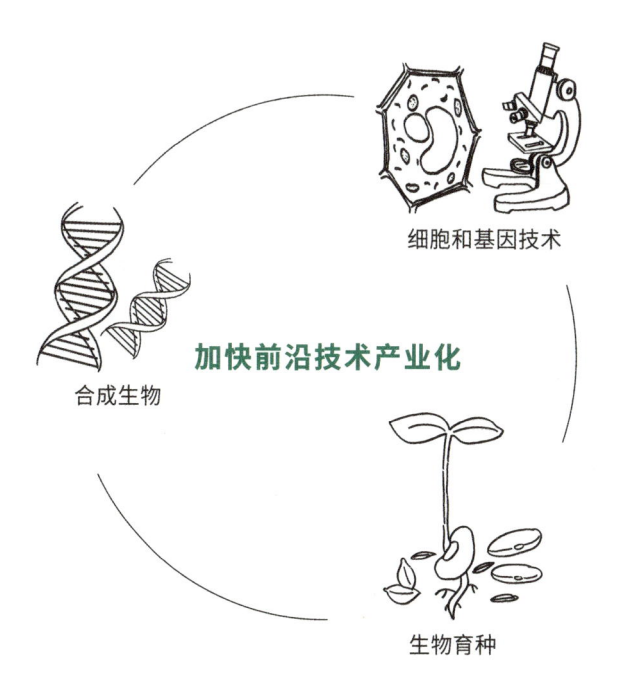

细胞和基因技术

加快前沿技术产业化

合成生物

生物育种

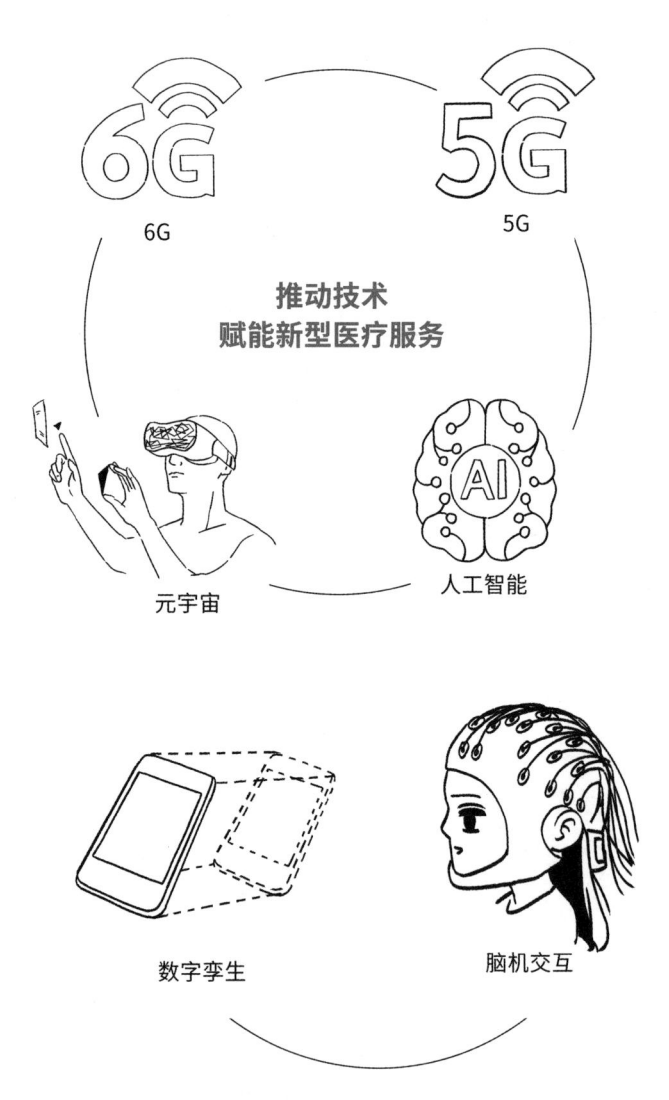

6G

5G

推动技术
赋能新型医疗服务

元宇宙

人工智能

数字孪生

脑机交互

研发融合数字孪生、脑机交互等先进技术的
高端医疗装备和健康用品

## 2.创新标志性产品

### (1) 人形机器人。

我是大美女青橙

那我是谁?

突破机器人高转矩密度伺服电机、高动态运动规划与控制、仿生感知与认知、智能灵巧手、电子皮肤等核心技术,重点推进智能制造、家庭服务、特殊环境作业等领域产品的研制及应用。

### (2) 量子计算机。

成功构建255个光子的量子计算原型机"九章三号",比目前全球最快的超级计算机快一亿亿倍。

九章三号

加强可容错通用量子计算技术研发,提升物理硬件指标和算法纠错性能,推动量子软件、量子云平台协同布置,发挥量子计算的优越性,探索向垂直行业应用渗透。

（3）新型显示。

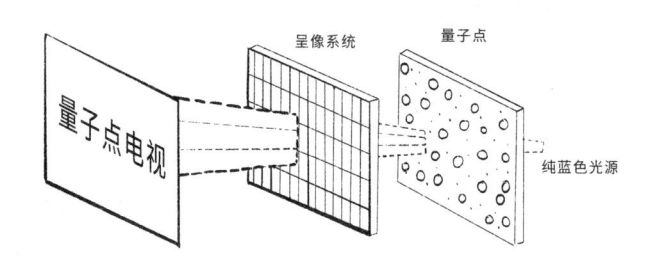

加快量子点显示、全息显示等研究，突破Micro-LED、激光、印刷等显示技术并实现规模化应用，实现无障碍、全柔性、3D立体等显示效果，加快在智能终端、智能网联汽车、远程连接、文化内容呈现等场景中推广。

(4) 脑机接口。

头戴脑机接口会降低颜值,本少女并不喜欢。

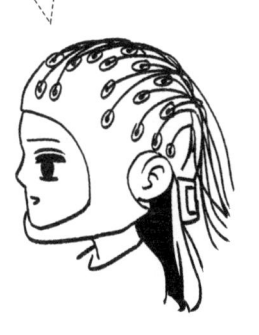

突破脑机融合、类脑芯片、大脑计算神经模型等关键技术和核心器件,研制一批易用安全的脑机接口产品,鼓励探索在医疗康复、无人驾驶、虚拟现实等典型领域的应用。

**(5) 6G网络设备。**

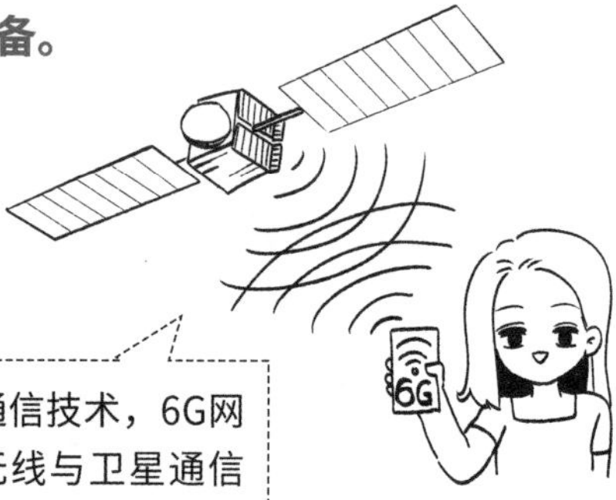

6G是第六代移动通信技术,6G网络将是一个地面无线与卫星通信集成的全连接世界,可极大促进产业互联网、物联网的发展。

开展先进无线通信、新型网络架构、跨域融合、空天地一体、网络与数据安全等技术研究,研制无线关键技术概念样机,形成以全息通信、数字孪生等为代表的特色应用。

**(6) 超大规模新型智算中心。**

超大规模新型智算中心就是超大规模的AI工厂。

加快突破GPU芯片、集群低时延互连网络、异构资源管理等技术,建设超大规模智算中心,满足大模型迭代训练和应用推理需求。

**（7）第三代互联网。**

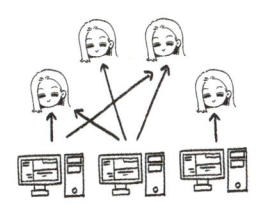

**Web1.0**
信息互联网
可读
门户网站
平台创造、平台拥有、平台获益

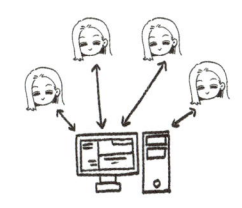

**Web2.0**
社交网络、信息互联网
可读+可写
社交媒体
用户创意、平台控制、平台分配收益

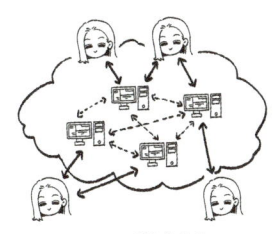

**Web3.0**
价值互联网、契约互联网
可读+可写+可拥有/可契约
数字身份、数字权益
用户创造、用户拥有、用户获益

俗称Web3.0，建立在区块链技术之上，体现的是用户创造、用户拥有、用户获益。

推动第三代互联网在数据交易所应用试点，探索利用区块链技术打通重点行业及领域各主体平台数据，研究第三代互联网数字身份认证体系，建立数据治理和交易流通机制，形成可复制可推广的典型案例。

(8) 高端文旅装备。

这些装备和设施涉及多个领域，如文化演出、旅游观光、主题公园、科博场馆等。

头戴式旅游讲解仪器

研发支撑文化娱乐创作的专用及配套软件，推进演艺与游乐先进装备、水陆空旅游高端装备、沉浸式体验设施、智慧旅游系统及检测监测平台的研制，发展智能化、高端化、成套化文旅设备。

(9) 先进高效航空装备。

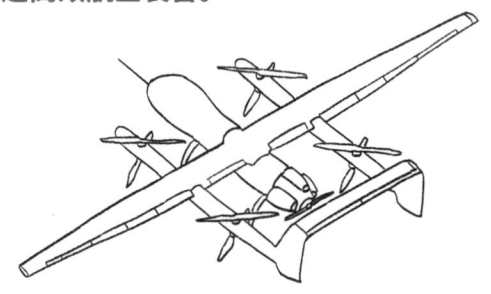

电动垂直起降飞行器

又称eVTOL，说白了就是电动化且不需要跑道就可垂直起降的飞机。

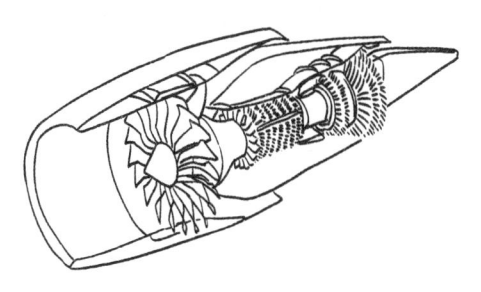

航空发动机

C919国产化率达到60%，但是其中的发动机和航电系统等关键部件仍然需要从国外进口。所以需要攻克相关技术。

围绕下一代大飞机发展，突破新型布局、智能驾驶、互联航电、多电系统、开式转子混合动力发动机等核心技术，推进超声速、超高效亚声速、新能源客机等先进概念研究。围绕未来智慧空中交通需求，加快电动垂直起降航空器、智能高效航空物流装备等研制及应用。

（10）深部资源勘探开发装备。

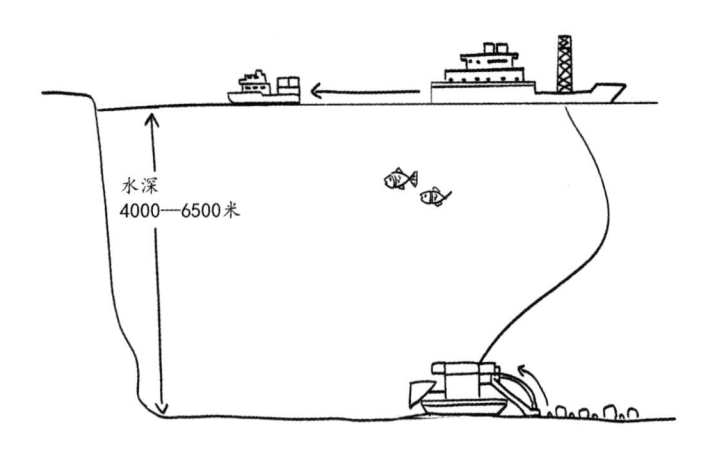

水深
4000—6500米

神秘的水下世界，我来了！

　　围绕深部作业需求，以超深层智能钻机工程样机、深海油气水下生产系统、深海多金属结核采矿车等高端资源勘探开发装备为牵引，推动一系列关键技术攻关。

　　原创性、颠覆性科技创新当然不止这些，还包括新能源、新材料、新技术的诸多创新。

## 二 生产要素创新性配置

劳动者

土地

生产要素
创新性配置

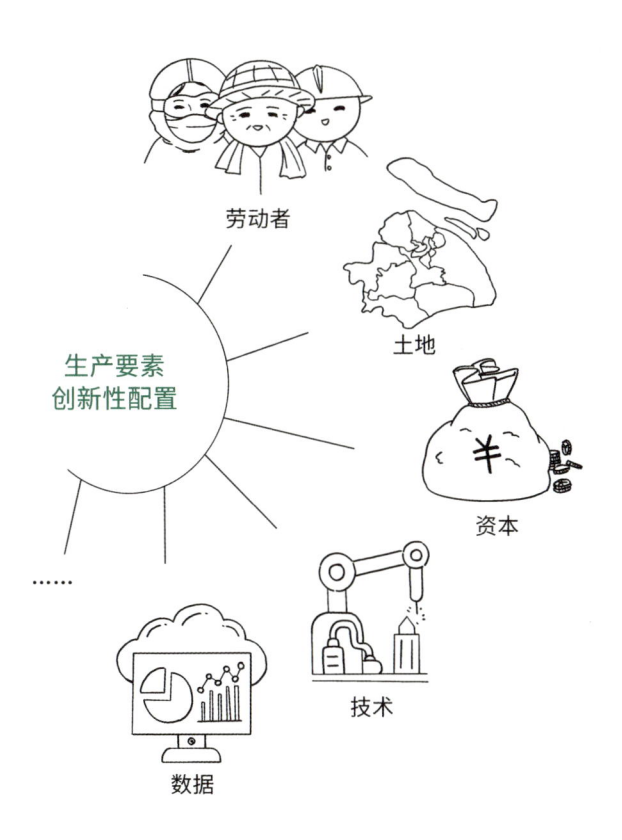

资本

……

数据

技术

不断优化配置，消除阻碍生产力发展的环节，使各种要素向提升新质生产力的方向充分配置。

## 1.什么是生产要素

**生产要素，是进行物质资料的生产所必须具备的因素或条件，即劳动者和生产资料。** 前者是人的因素；后者是物的因素，包括劳动资料和劳动对象。在生产过程中，人们借助劳动资料，使劳动对象发生预定的变化，当过程结束时劳动和劳动对象结合在一起，劳动物化了，对象被加工了，形成适合人们需要的物质资料。各因素在生产中的相互作用，反映人与自然界的关系，表现为人类控制和改造自然的能力。

其中，资本、土地、知识、技术、数据等生产要素，在不同类型的生产劳动中，有时作为劳动资料，有时作为劳动对象，需要具体问题具体分析。

没有相应微量元素的配比数据，就不能制作特种钢材。
特种钢
这个时候，数据是劳动资料~
我的任务就是通过各种实验，在现有配比数据基础上不断调试出更好的配比数据，提升钢材质量。
此时，现有数据就是劳动对象~

## 2.生产要素的传统配置方法

因此,生产要素的配置,就是指对劳动者、生产工具、资本、数据等劳动资料,矿产资源、新材料等劳动对象进行配置。如何对生产要素进行配置,历史上有不同类型。

比如,**传统计划经济型配置方法**。

我们**计划委员会**今年要实现工业、农业生产总值增加10%,因此需要生产拖拉机5万台、卡车1万台、飞机500架……研发芳香烃技术、特种不锈钢、高强度钢、高速钢……研发数控机床……

我们**钢铁工业部门**今年需要炼制5000万吨钢,其中不锈钢500万吨,同时研发高速钢、高强度钢……

我们纺织工业部门今年需要生产服装5000万件，布匹……

我们石油工业部门今年需要生产原油1亿吨，汽油……同时研发芳香烃技术……

我们机械工业部门今年需要生产车床1万台，铣床1万台……同时研发数控机床……

我们**电力工业部门**今年要发电6000万千瓦，铺设输电线……

我们**教育部门**今年要培养各专业知识分子×万名，各类技术工人×万名，农业技术员×万名……

我们**财政部门**今年需要支出×××万元，其中……

> 我们**地方政府**今年需要划出一片工业用地，用以新增……

### 优势

迅速集中力量，形成产业优势。

### 劣势

影响企业积极性、创造性，易造成重工业生产与群众需求脱节，易滋生官僚主义等。

### 难点

需要生产资料公有制作为基础，否则难以调配。

比如，**传统市场经济型配置方法。**

**钢铁厂**刚接到订单，需要生产高碳钢1万吨，同时调研发现，未来将需要高速钢，因此研发生产高速钢5000吨……

**机械制造厂**刚接到订单，需要生产车床100台，同时调研发现，数控机床将是主流，我们需要升级……

去年我们**汽车工厂**卖出汽车1万台，且供不应求，今年可以扩大生产至1.5万台，同时，我们要进一步研发发动机技术，提升动力水平……

去年我们**汽车销售**业绩不错，今年我们要扩大团队，拓展版图，把汽车卖到非洲……

近年来汽车逐步普及，我们**学校**需要增加汽车工程、机械制造、电子工程、汽车维修等专业与培养人数……

近年来汽车普及，汽车行业大发展，可以布局汽车赛道，我们**银行**为优秀的汽车制造厂提供贷款，为消费者提供车贷，一定能赚钱……

**优势**

可以按照市场需求灵活配置，生产主体主动性强。

**劣势**

存在发展盲目性、滞后性、不确定性等，易产生重复建设、恶性竞争，易造成倒闭、失业、地域经济发展不平衡、产生社会经济危机等问题。

**难点**

制度建设要跟上，资本红绿灯要明确，否则易爆发危机。

### 3.生产要素的创新性配置

> 计划多一点还是市场多一点，不是社会主义与资本主义的本质区别。计划经济不等于社会主义，资本主义也有计划；市场经济不等于资本主义，社会主义也有市场。计划和市场都是经济手段。
>
> ——邓小平

这是邓小平1992年在南方谈话中提出的，这一重要论述，解除了人们对市场经济的种种疑虑，为实行社会主义市场经济的改革奠定了理论基石。我国现阶段实行社会主义市场经济体制，因此，**生产要素的创新性配置，就是构建高水平市场经济体制的题中应有之义。**

关于构建高水平社会主义市场经济体制，我们可以看两段话：

构建高水平社会主义市场经济体制。坚持和完善社会主义基本经济制度，毫不动摇巩固和发展公有制经济，毫不动摇鼓励、支持、引导非公有制经济发展，充分发挥市场在资源配置中的决定性作用，更好发挥政府作用。深化国资国企改革，加快国有经济布局优化和结构调整，推动国有资本和国有企业做强做优做大，提升企业核心竞争力。优化民营企业发展环境，依法保护民营企业产权和企业家权益，促进民营经济发展壮大。完善中国特色现代企业制度，弘扬企业家精神，加快建设世界一流企业。支持中小微企业发展。深化简政放权、放管结合、优化服务改革。构建全国统一大市场，深化要素市场化改革，建设高标准市场体系。完善产权保护、市场准入、公平竞争、社会信用等市场经济基础制度，优化营商环境。健全宏观经济治理体系，发挥国家发展规划的战略导向作用，加强财政政策和货币政策协调配合，着力扩大内需，增强消费对经济发展的基础性作用和投资对优化供给结构的关键作用。健全现代预算制度，优化税制结构，完善财政转移支付体系。深化金融体制改革，建设现代中央银行制度，加强和完善现代金融监管，强化金融稳定保障体系，依法将各类金融活动全部纳入监管，守住不发生系统性风险底线。健全资本市场功能，提高直接融资比重。加强反垄断和反不正当竞争，破除地方保护和行政性垄断，依法规范和引导资本健康发展。

——2022年10月16日，习近平总书记在中国共产党第二十次全国代表大会上的报告

围绕构建高水平社会主义市场经济体制，加快完善产权保护、市场准入、公平竞争、社会信用等市场经济基础制度。完善落实"两个毫不动摇"的体制机制，支持民营经济和民营企业发展壮大，激发各类经营主体的内生动力和创新活力。深化科技体制、教育体制、人才体制等改革，打通束缚新质生产力发展的堵点卡点。持续建设市场化、法治化、国际化一流营商环境，塑造更高水平开放型经济新优势。

——2024年3月5日，习近平总书记在参加十四届全国人大二次会议江苏代表团审议时的讲话

## （1）核心要点

**坚持和完善社会主义基本经济制度，毫不动摇巩固和发展公有制经济，毫不动摇鼓励、支持、引导非公有制经济发展。**

毫不动摇巩固和发展公有制经济

毫不动摇鼓励、支持、引导非公有制经济发展

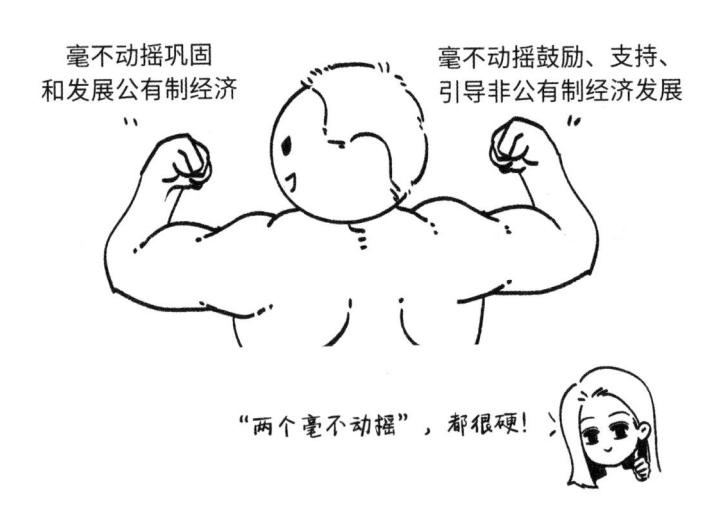

"两个毫不动摇",都很硬!

①深化国资国企改革,加快国有经济布局优化和结构调整,推动国有资本和国有企业做强做优做大,提升企业核心竞争力。优化民营企业发展环境,依法保护民营企业产权和企业家权益,促进民营经济发展壮大。

我们的目标是世界一流企业!

我要做强做优做大!

我也要发展壮大!

②完善中国特色现代企业制度,弘扬企业家精神,加快建设世界一流企业。

③支持中小微企业发展。

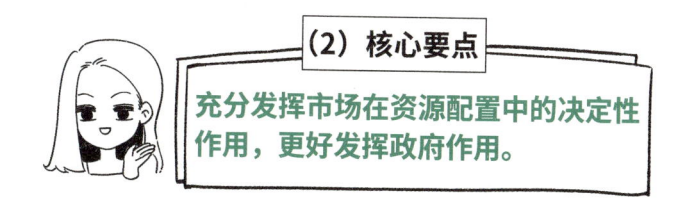

我还小,但我会长大!

**(2) 核心要点**

**充分发挥市场在资源配置中的决定性作用,更好发挥政府作用。**

①深化简政放权、放管结合、优化服务改革。

现实中，立法往往失于滞后和宏观，这就需要政府同时权衡理、情、公序良俗等作出综合判断，从而进行放、管权衡。

②构建全国统一大市场，深化要素市场化改革，建设高标准市场体系。完善产权保护、市场准入、公平竞争、社会信用等市场经济基础制度，优化营商环境。

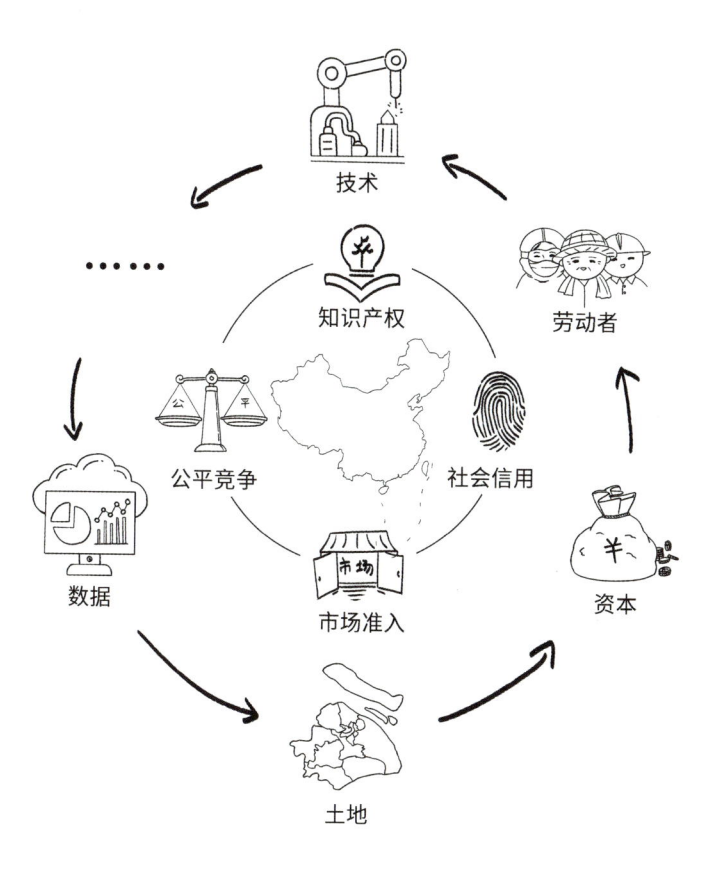

③健全宏观经济治理体系，发挥国家发展规划的战略导向作用，加强财政政策和货币政策协调配合，着力扩大内需，增强消费对经济发展的基础性作用和投资对优化供给结构的关键作用。健全现代预算制度，优化税制结构，完善财政转移支付体系。深化金融体制改革，建设现代中央银行制度，加强和完善现代金融监管，强化金融稳定保障体系，依法将各类金融活动全部纳入监管，守住不发生系统性风险底线。健全资本市场功能，提高直接融资比重。加强反垄断和反不正当竞争，破除地方保护和行政性垄断，依法规范和引导资本健康发展。

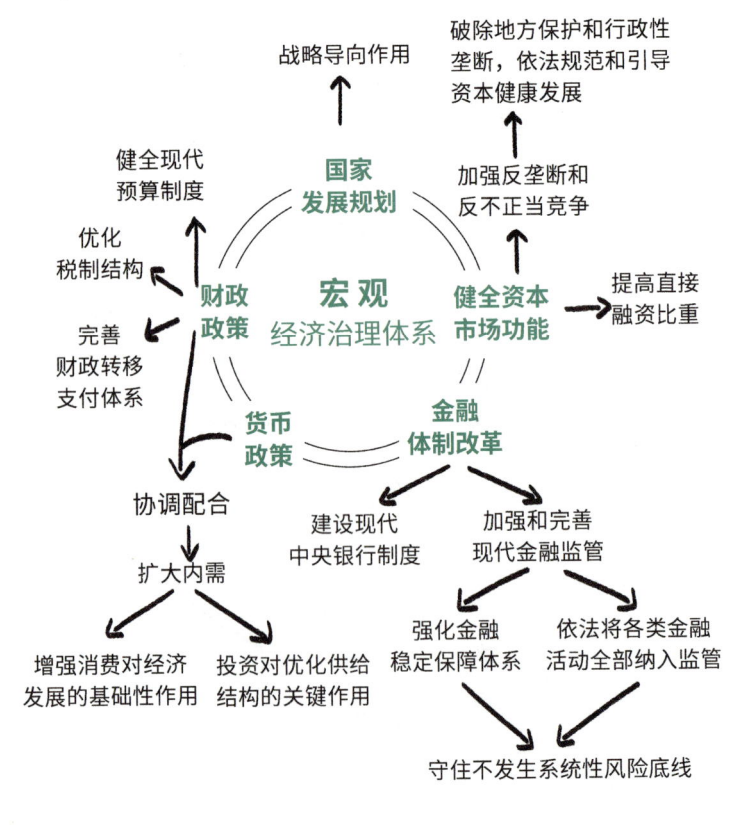

什么是**直接融资**呢?

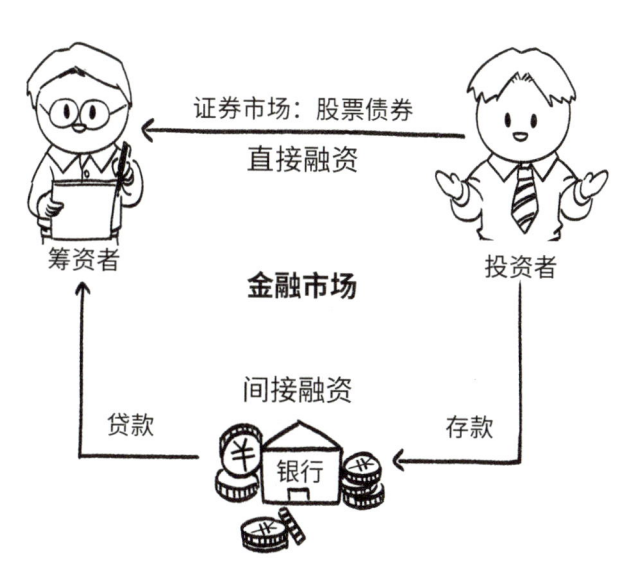

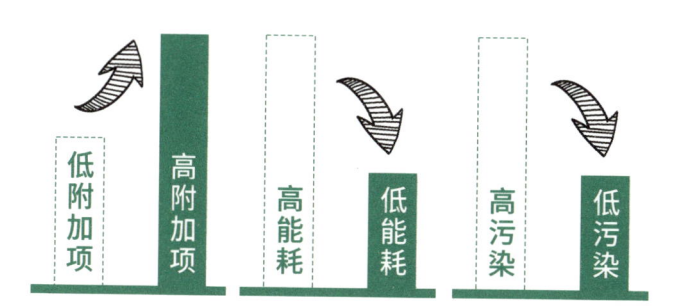

证券市场：股票债券

直接融资

筹资者　　金融市场　　投资者

间接融资

贷款　　银行　　存款

## 三 产业深度转型升级

低附加项 → 高附加项

高能耗 → 低能耗

高污染 → 低污染

转型升级，本质上是从低生产力向高生产力、从低科技向高科技、从低附加值向高附加值升级、从高能耗高污染向低能耗低污染升级、从粗放型向集约型升级。

> 要及时将科技创新成果应用到具体产业和产业链上，改造提升传统产业，培育壮大新兴产业，布局建设未来产业，完善现代化产业体系。要围绕发展新质生产力布局产业链，提升产业链供应链韧性和安全水平，保证产业体系自主可控、安全可靠。要围绕推进新型工业化和加快建设制造强国、质量强国、网络强国、数字中国和农业强国等战略任务，科学布局科技创新、产业创新。要大力发展数字经济，促进数字经济和实体经济深度融合，打造具有国际竞争力的数字产业集群。
> ——2024年1月31日，习近平总书记在中共中央政治局第十一次集体学习时的讲话

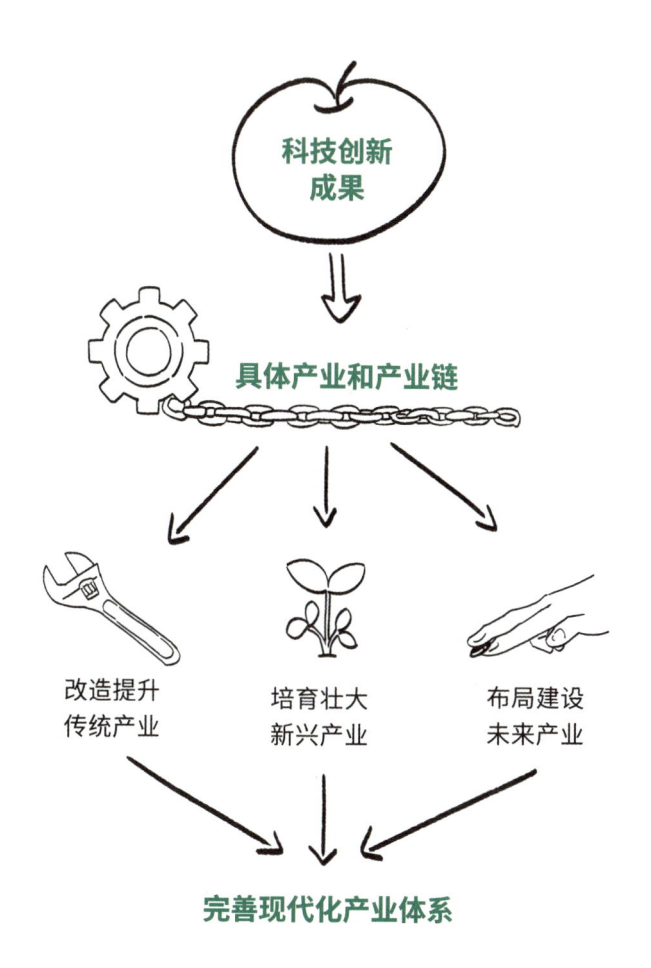

```
         科技创新
           成果
            ↓
      具体产业和产业链
       ↙     ↓     ↘
   改造提升  培育壮大  布局建设
   传统产业  新兴产业  未来产业
       ↘     ↓     ↙
      完善现代化产业体系
```

## 1.改造提升传统产业

> 利用科技创新成果改造提升传统产业，是促进产业深度转型、发展新质生产力的基本要义。

比如，养鸡是传统产业：

我很传统吗？

如果鸡生病了，只能依靠人眼发现辨别，就很容易耽误治疗时间。

感觉身体被掏空……

如果加入人工智能，建立起海量"鸡脸"数据库和精准识别算法，形成人工智能监控系统，就能大幅提升病鸡的存活率。

有一些地方已经开始改造，据称出栏率可提升30%。

2024年《政府工作报告》中，涉及改造提升传统产业的部分有：

推动产业链供应链优化升级。保持工业经济平稳运行。实施制造业重点产业链高质量发展行动，着力补齐短板、拉长长板、锻造新板，增强产业链供应链韧性和竞争力。实施制造业技术改造升级工程，培育壮大先进制造业集群，创建国家新型工业化示范区，推动传统产业高端化、智能化、绿色化转型。加快发展现代生产性服务业。促进中小企业专精特新发展。弘扬工匠精神。加强标准引领和质量支撑，打造更多有国际影响力的"中国制造"品牌。

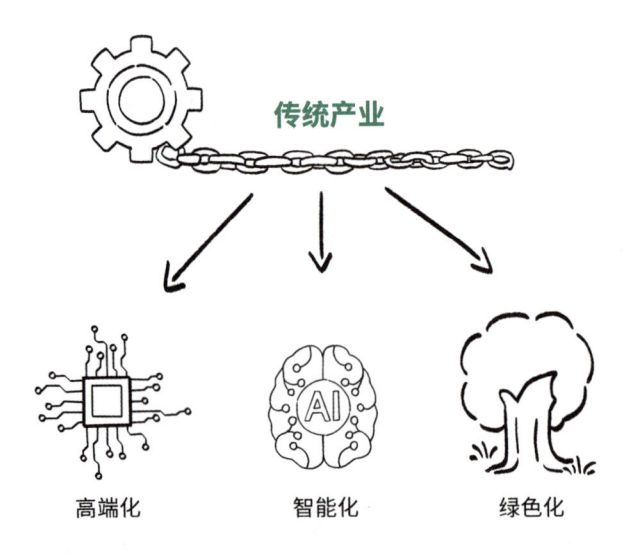

传统产业

高端化　　智能化　　绿色化

**推动传统产业高端化、智能化、绿色化转型**

## 2.培育壮大新兴产业、布局建设未来产业

2024年《政府工作报告》中,涉及培育壮大新兴产业、布局建设未来产业的部分有:

实施产业创新工程,完善产业生态,拓展应用场景,促进战略性新兴产业融合集群发展。巩固扩大智能网联新能源汽车等产业领先优势,加快前沿新兴氢能、新材料、创新药等产业发展,积极打造生物制造、商业航天、低空经济等新增长引擎。制定未来产业发展规划,开辟量子技术、生命科学等新赛道,创建一批未来产业先导区。鼓励发展创业投资、股权投资,优化产业投资基金功能。加强重点行业统筹布局和投资引导,防止产能过剩和低水平重复建设。

实施产业创新工程,完善产业生态,拓展应用场景,促进战略性新兴产业融合集群发展。

巩固扩大智能网联新能源汽车等产业领先优势。

智能网联新能源汽车

加快前沿新兴氢能、新材料、创新药等产业发展。

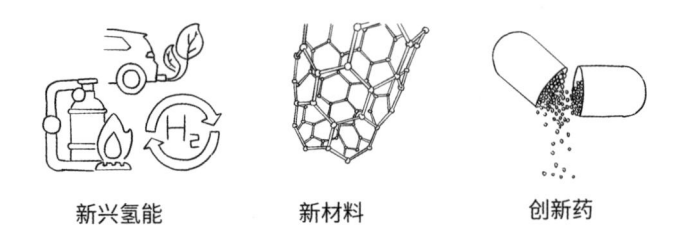

新兴氢能　　　新材料　　　创新药

积极打造生物制造、商业航天、低空经济等新增长引擎。

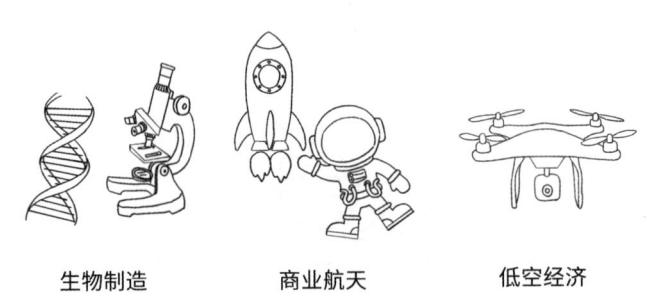

生物制造　　　商业航天　　　低空经济

制定未来产业发展规划。

开辟量子技术、生命科学等新赛道。

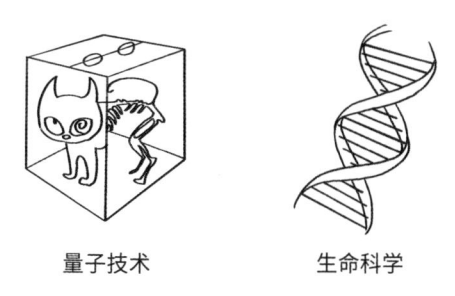

量子技术　　　　生命科学

创建一批未来产业先导区。

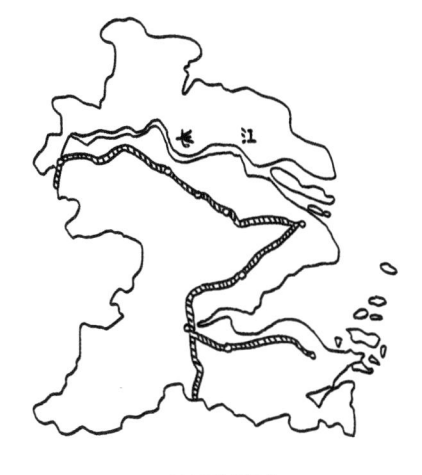

长三角区域

鼓励发展创业投资、股权投资，优化产业投资基金功能。

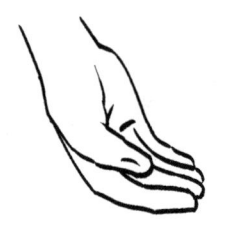

加强重点行业统筹布局和投资引导，防止产能过剩和低水平重复建设。

**名词解释：产能过剩**

产能过剩就是生产能力大于社会需求，比如，每周可以生产100吨奶，而社会每周的需求为10吨。

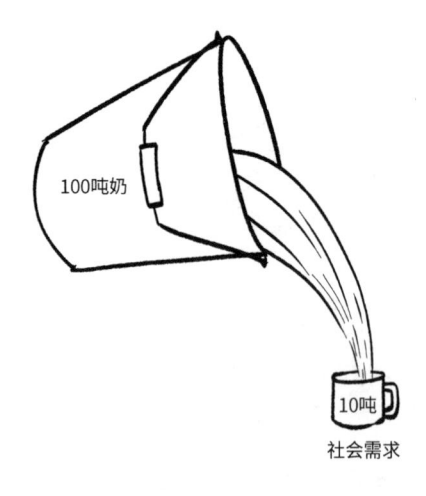

100吨奶

10吨
社会需求

注意产能过剩不是产品过剩哦。

**名词解释：重复建设**

重复建设是指在数量上已超过社会需求、在质量上不如已有的产品或服务，建成后有损宏观投资效益的建设项目。主要表现为空间分布上的重复和时间分布上的重复。

比如，一条路很通畅，已经满足社会需要，建设第二条路就是重复建设。

这条路不仅笔直还不堵~

目的地

重复建设

比如，一家企业不走技术升级路线，而是盲目扩大生产规模，导致超过社会需求，也是重复建设。

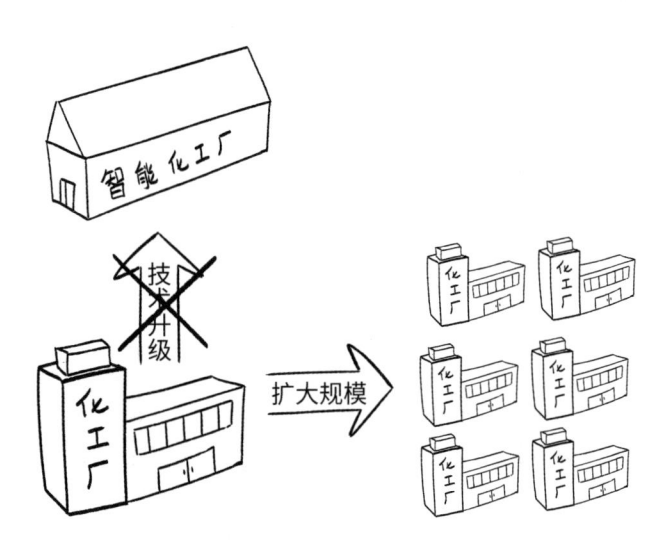

**3. 围绕发展新质生产力布局产业链，提升产业链供应链韧性和安全水平，保证产业体系自主可控、安全可靠**

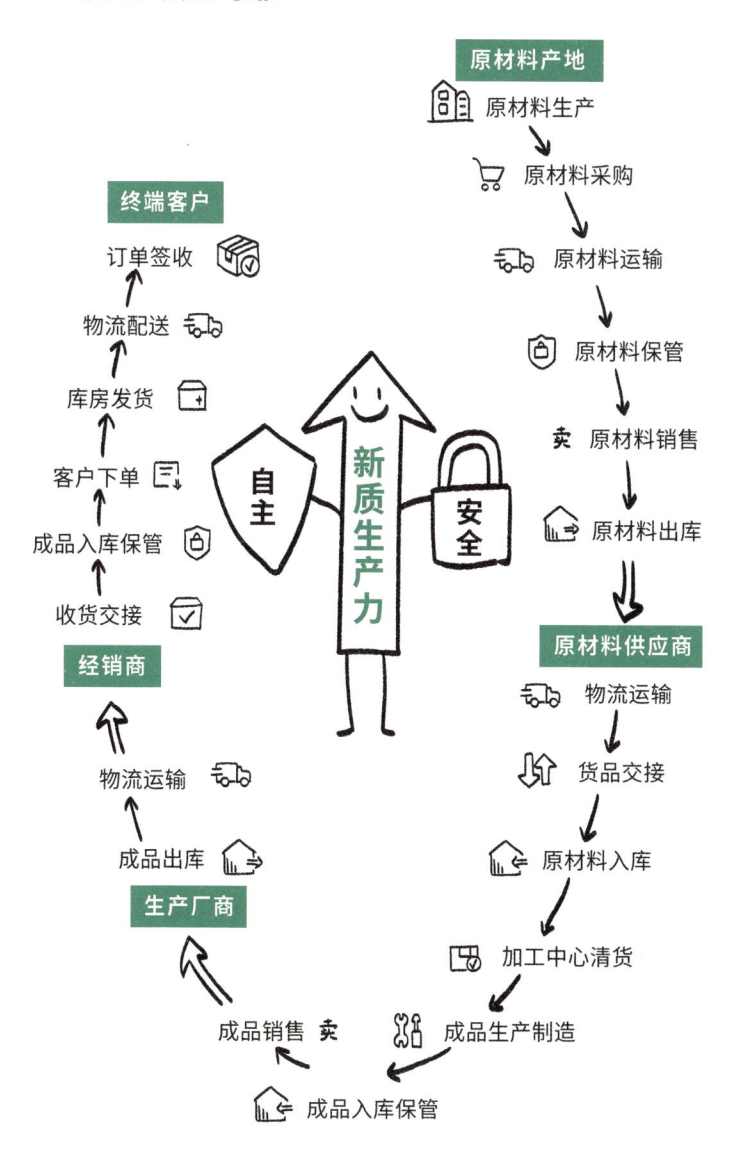

**原材料产地**
原材料生产
原材料采购
原材料运输
原材料保管
原材料销售
原材料出库

**原材料供应商**
物流运输
货品交接
原材料入库
加工中心清货
成品生产制造
成品入库保管
成品销售

**生产厂商**
成品出库
物流运输

**经销商**
收货交接
成品入库保管
客户下单
库房发货
物流配送
订单签收

**终端客户**

新质生产力 / 自主 / 安全

**4.围绕推进新型工业化和加快建设制造强国、质量强国、网络强国、数字中国和农业强国等战略任务，科学布局科技创新、产业创新**

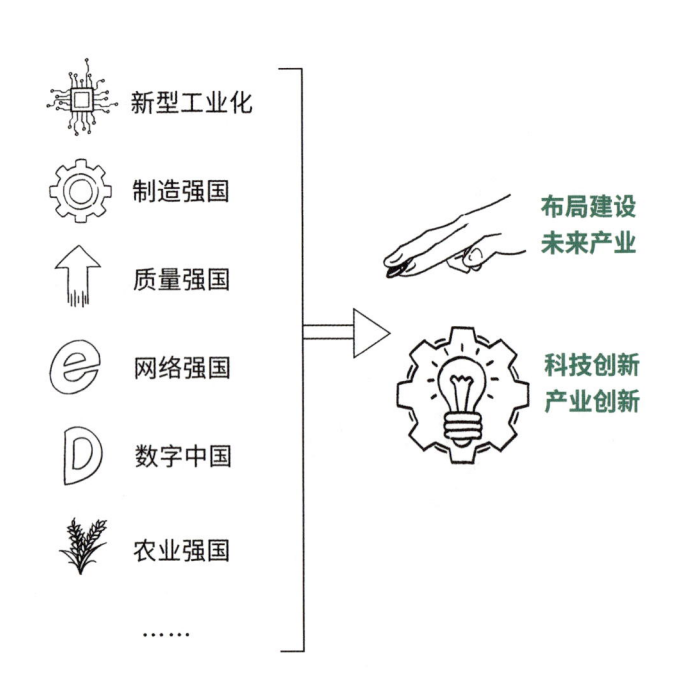

- 新型工业化
- 制造强国
- 质量强国
- 网络强国
- 数字中国
- 农业强国
- ……

→ 布局建设未来产业

科技创新 产业创新

## 5.大力发展数字经济,促进数字经济和实体经济深度融合,打造具有国际竞争力的数字产业集群

2024年《政府工作报告》中,涉及大力发展数字经济的部分有:

深入推进数字经济创新发展。制定支持数字经济高质量发展政策,积极推进数字产业化、产业数字化,促进数字技术和实体经济深度融合。深化大数据、人工智能等研发应用,开展"人工智能+"行动,打造具有国际竞争力的数字产业集群。实施制造业数字化转型行动,加快工业互联网规模化应用,推进服务业数字化,建设智慧城市、数字乡村。深入开展中小企业数字化赋能专项行动。支持平台企业在促进创新、增加就业、国际竞争中大显身手。健全数据基础制度,大力推动数据开发开放和流通使用。适度超前建设数字基础设施,加快形成全国一体化算力体系,培育算力产业生态。我们要以广泛深刻的数字变革,赋能经济发展、丰富人民生活、提升社会治理现代化水平。

数字经济是人类通过大数据(数字化的知识与信息)的识别—选择—过滤—存储—使用,引导、实现资源的快速优化配置与再生、实现经济高质量发展的经济形态。

# 数字经济 ≠ 虚拟经济

数字经济包含"数字产业化"+"产业数字化"。

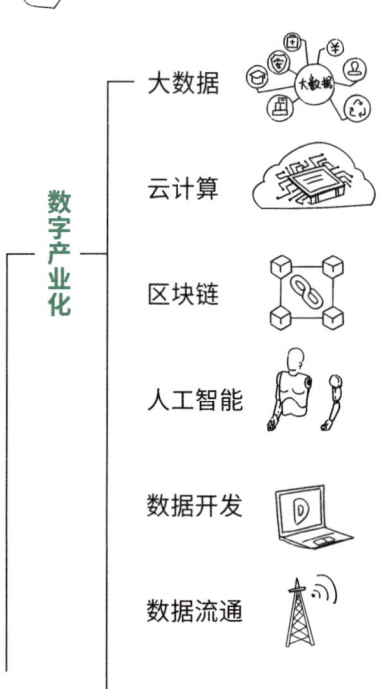

**数字产业化**
- 大数据
- 云计算
- 区块链
- 人工智能
- 数据开发
- 数据流通
- ……

**数字经济**

数字产业化，通俗地说就是形成数字流通、数字服务等产业，比如，大数据产业、5G通信产业、云计算产业，等等。

**产业数字化**

**数字化 D+**

- 种植业　林业　牧业　渔业 ……
- 采掘业　制造业　电力　煤气
- 水生产供应　建筑业 ……
- 交通运输　仓储　邮电通信　餐饮 ……
- 金融业　医疗　教育　科研 ……
- 政府 ……

> **产业数字化**，通俗地说就是利用数字技术，对产业进行升级和服务，比如，智能工厂、智慧农场、网络叫外卖、线上就医，等等。

（1）制定支持数字经济高质量发展政策，积极推进数字产业化、产业数字化，促进数字技术和实体经济深度融合。

（2）深化大数据、人工智能等研发应用，开展"人工智能+"行动，打造具有国际竞争力的数字产业集群。实施制造业数字化转型行动，加快工业互联网规模化应用，推进服务业数字化，建设智慧城市、数字乡村。深入开展中小企业数字化赋能专项行动。

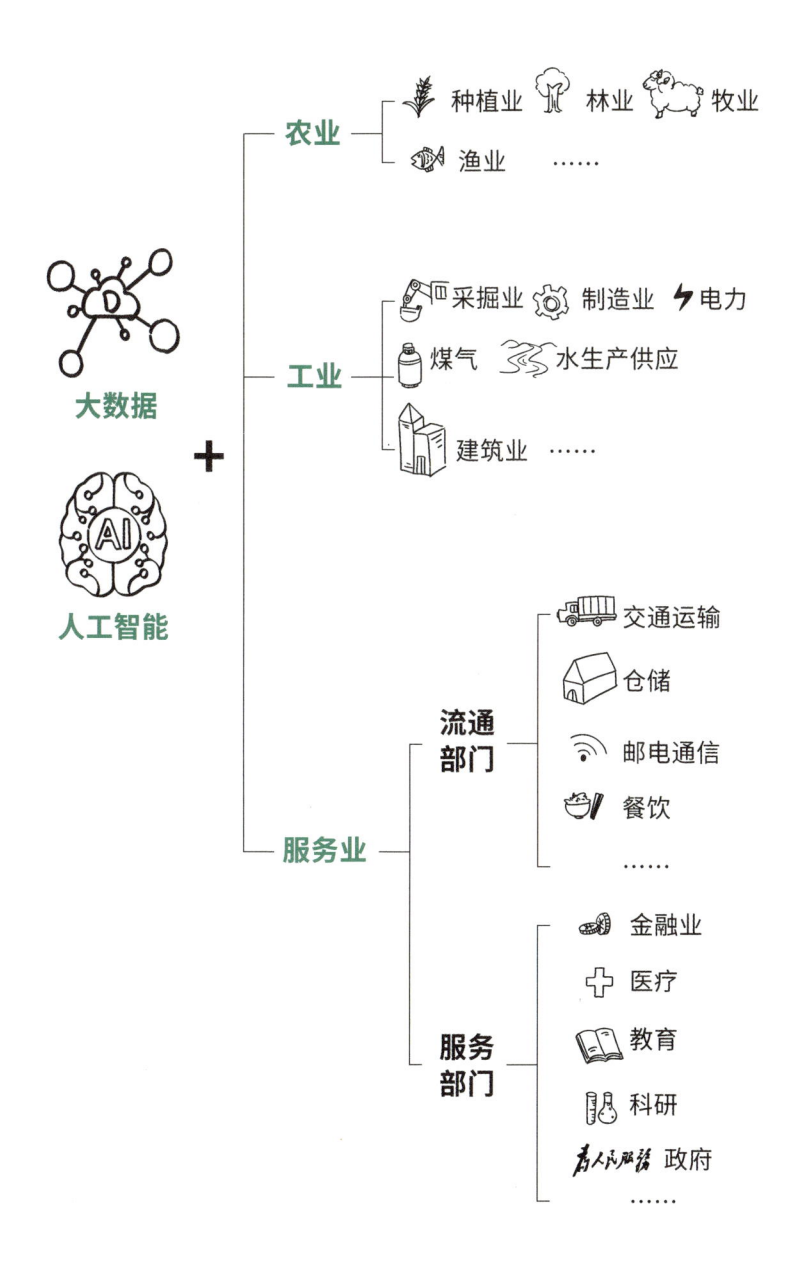

- 大数据
- 人工智能

＋

- 农业
  - 🌾 种植业　🌳 林业　🐑 牧业
  - 🐟 渔业　……

- 工业
  - 采掘业　制造业　电力
  - 煤气　水生产供应
  - 建筑业　……

- 服务业
  - **流通部门**
    - 交通运输
    - 仓储
    - 邮电通信
    - 餐饮
    - ……
  - **服务部门**
    - 金融业
    - 医疗
    - 教育
    - 科研
    - 为人民服务 政府
    - ……

（3）支持平台企业在促进创新、增加就业、国际竞争中大显身手。

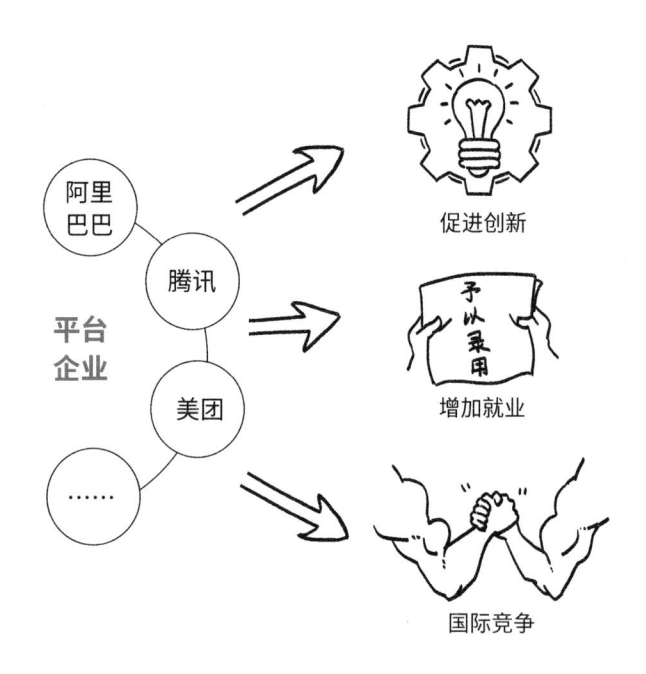

促进创新

增加就业

国际竞争

平台企业：阿里巴巴、腾讯、美团……

**名词解释：平台企业**

**平台企业**，是指基于互联网、云计算等新一代信息技术提供商品和服务，符合商业活动自营、交易链条闭环、政企协作联动、合规保障有力等要求的现代服务业平台。如阿里巴巴、腾讯、美团等企业。

（4）健全数据基础制度，大力推动数据开发开放和流通使用。适度超前建设数字基础设施，加快形成全国一体化算力体系，培育算力产业生态。

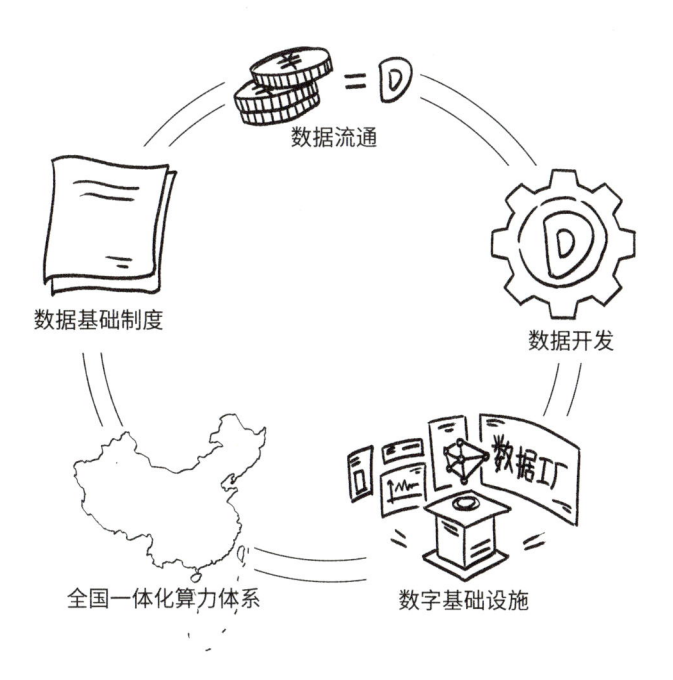

数据流通

数据开发

数字基础设施

全国一体化算力体系

数据基础制度

# 第四章

## 新质生产力的内涵

以劳动者、劳动资料、劳动对象及其优化组合的跃升为基本内涵。

前面我们已经讲过，生产力三要素：劳动者、劳动资料、劳动对象。那么新质生产力就是以劳动者、劳动资料、劳动对象及其优化组合的跃升为基本内涵。

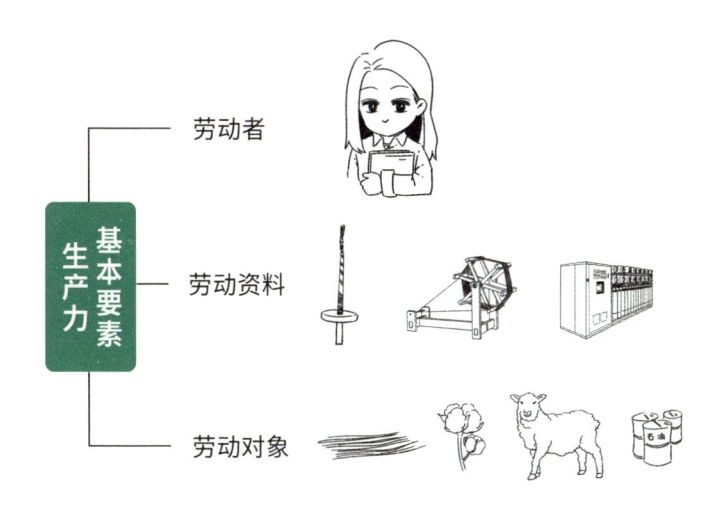

生产力基本要素
- 劳动者
- 劳动资料
- 劳动对象

实际上，伴随着生产力的提高，对劳动者的知识、技能水平要求更高，劳动资料更先进，劳动对象也会发生转变。

# 一、劳动者的跃升

劳动者是具有一定生产经验、劳动技能和科学知识的从事生产活动的人，是生产力诸要素中**最重要**、**最活跃**的因素。劳动资料和劳动对象只有与劳动者的活动相结合才能转变为现实的生产力。

一方面，劳动者就是创造价值的主体，也是创新创造的主体，新质生产力的催生和提高最终靠劳动者的活动；另一方面，伴随着科技的进步和生产力的提高，对劳动者的经验、技能和知识提出了更高的要求。

劳动者

传统劳动者 → 具备高科技素养的劳动者

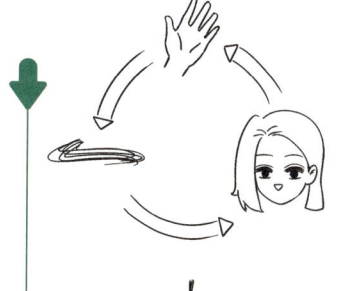

学会搓麻，有手就行~

转转转，转出好运气，其实这个也比较好学~

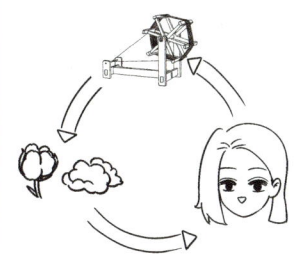

我要更加熟练，当纺线比赛冠军！

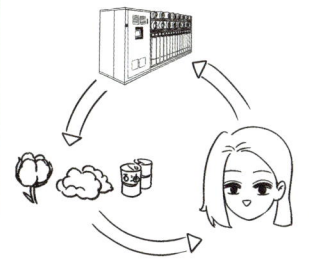

我要学语文、数学、物理、化学、计算机等，还要学习纺织专业课程~

因此，催生和发展新质生产力，要求劳动者队伍不仅要更富创新精神与创新能力，还必须熟练掌握新型生产资料。

创新驱动新产业，新产业具备新岗位，新岗位需要新劳动者。比如：

**AI应用创新**

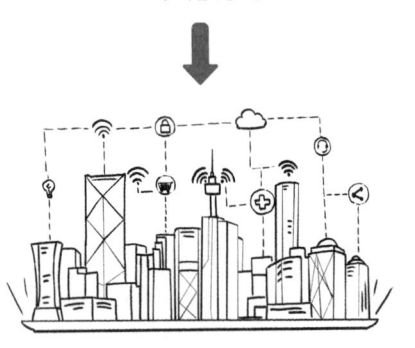

↓

智慧城市产业

↓

我需要采集城市数据，运用信息化手段，搭建AI智慧城市系统，让城市治理和服务变得更聪明、更智能，因此我需要掌握相关知识、技能。

街道数据专员

比如：

**无人机技术创新**

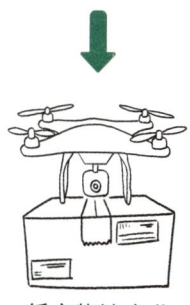

↓

低空物流产业

↓

通过前期规划低空物流航线，制定航线放飞流程等机制，帮助更多客户解决"急难险贵"运输场景，因此我需要掌握相关知识、技能。

无人机运营管理工程师

比如：

**人形机器人创新**

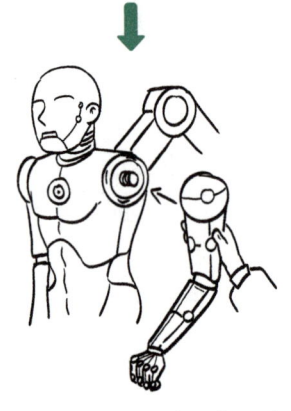

↓

机械臂安装生产人形机器人

↓

我的任务是设计、开发和优化机器人的导航算法，确保机器人能在复杂环境中自主、高效地抵达任务目标点，因此我需要掌握相关知识、技能。

人形机器人导航算法工程师

比如：

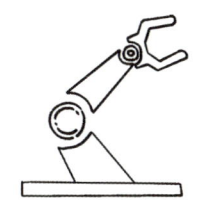

**工业机器人技术创新**

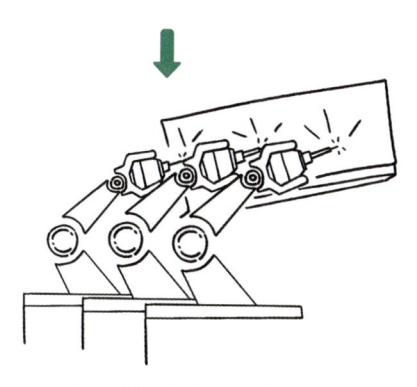

⬇

工业机器人应用产业

⬇

我需要掌握不同型号机器人的编程语言，对各式各样的工业机器人进行调试指挥，还需要掌握控制、机械等多项专业技术。

工业机器人系统操作员

从2019年到2022年，人力资源和社会保障部陆续发布了5批共74个新职业。2024年7月，人力资源和社会保障部正式发布增加网络主播、生成式人工智能系统应用员、用户增长运营师、智能网联汽车测试员等19个新职业，同时增加汽配销售经理人等28个新工种。

未来，伴随着新质生产力的发展，新职业会越来越多。科技部发布的《中国科技人才发展报告（2022）》显示，我国研发人员全时当量已经从2012年的324.7万人年提高到2022年的635.4万人年，稳居世界第一，初步形成了有利于新质生产力发展的人才保障体系。但是，与发展新质生产力的强大需求相比，仍需继续跃升。

因此，从国家层面来看，还应从教育和人才角度，加强新型劳动者的教育和培养。对此，党的二十大曾就"实施科教兴国战略，强化现代化建设人才支撑"进行过部署。

---

教育、科技、人才是全面建设社会主义现代化国家的基础性、战略性支撑。必须坚持科技是第一生产力、人才是第一资源、创新是第一动力，深入实施科教兴国战略、人才强国战略、创新驱动发展战略，

开辟发展新领域新赛道，不断塑造发展新动能新优势。

......

（一）办好人民满意的教育。教育是国之大计、党之大计。培养什么人、怎样培养人、为谁培养人是教育的根本问题。育人的根本在于立德。全面贯彻党的教育方针，落实立德树人根本任务，培养德智体美劳全面发展的社会主义建设者和接班人。坚持以人民为中心发展教育，加快建设高质量教育体系，发展素质教育，促进教育公平。加快义务教育优质均衡发展和城乡一体化，优化区域教育资源配置，强化学前教育、特殊教育普惠发展，坚持高中阶段学校多样化发展，完善覆盖全学段学生资助体系。统筹职业教育、高等教育、继续教育协同创新，推进职普融通、产教融合、科教融汇，优化职业教育类型定位。加强基础学科、新兴学科、交叉学科建设，加快建设中国特色、世界一流的大学和优势学科。引导规范民办教育发展。加大国家通用语言文字推广力度。深化教育领域综合改革，加强教材建设和管理，完善学校管理和教育评价体系，健全学校家庭社会育人机制。加强师德师风建设，培养高素质教师队伍，弘扬尊师重教社会风尚。推进教育数字化，建设全民终身学习的学习型社会、学习型大国。

......

（四）深入实施人才强国战略。培养造就大批德才兼备的高素质人才，是国家和民族长远发展大计。功以才成，业由才广。坚持党管人才原则，坚持尊重劳动、尊重知识、尊重人才、尊重创造，实施更加积极、更加开放、更加有效的人才政策，引导广大人才爱党报国、敬业奉献、服务人民。完善人才战略布局，坚持各方面人才一起抓，建设规模宏大、结构合理、素质优良的人才队伍。加快建设世界重要人才中心和创新高地，促进人才区域合理布局和协调发展，着力形成人才国际竞争的比较优势。加快建设国家战略人才力量，努力培养造就更多大师、战略科学家、一流科技领军人才和创新团队、青年科技人才、卓越工程师、大国工匠、高技能人才。加强人才国际交流，用好用活各类人才。深化人才发展体制机制改革，真心爱才、悉心育才、倾心引才、精心用才，求贤若渴，不拘一格，把各方面优秀人才集聚到党和人民事业中来。

——2022年10月16日，习近平总书记在中国共产党第二十次全国代表大会上的报告

2024年1月31日，习近平总书记在中共中央政治局第十一次集体学习时的讲话中强调：要按照发展新质生产力要求，畅通教育、科技、人才的良性循环，完善人才培养、引进、使用、合理流动的工作机制。要根据科技发展新趋势，优化高等学校学科设置、人才培养模式，为发展新质生产力、推动高质量发展培养急需人才。要健全要素参与收入分配机制，激发劳动、知识、技术、管理、资本和数据等生产要素活力，更好体现知识、技术、人才的市场价值，营造鼓励创新、宽容失败的良好氛围。

相信在党的领导下，勤劳、勇敢、智慧的中国人民一定能不断跃升，成为引领时代的新型劳动者。

## 二 劳动资料的跃升

劳动资料

劳动资料也称劳动手段，指人们在劳动过程中用以改变和影响劳动对象的一切物质资料，是劳动者和劳动对象之间的媒介。

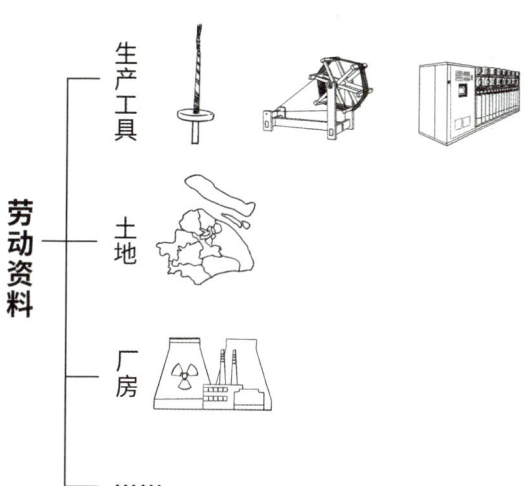

劳动资料
- 生产工具
- 土地
- 厂房
- ……

**劳动资料中最重要的是生产工具。** 生产工具是人们在劳动生产过程中对劳动对象进行加工的物或物的综合体，它直接传递人对自然界的作用，标志着生产力的性质和发展水平，也是区分各个经济时代的标志。

因此，催生和发展新质生产力，实现劳动资料的跃升，主要是提升科技水平，不断研发和改进生产工具，进而提高劳动生产率。

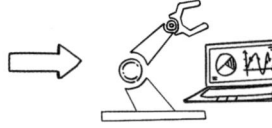

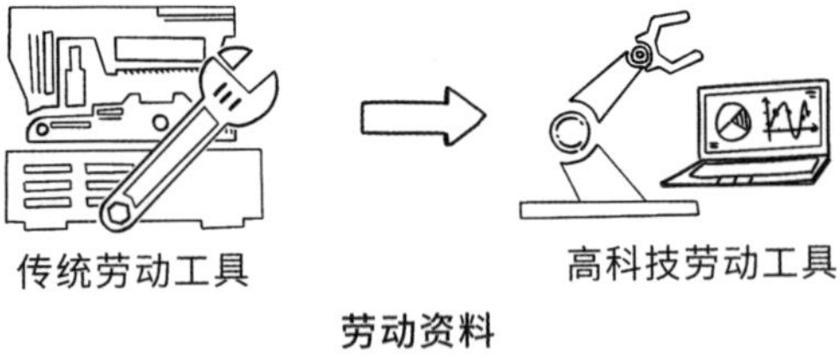

传统劳动工具 → 高科技劳动工具

劳动资料

用好新型生产工具，特别是掌握关键核心技术，赋能发展新兴产业。技术层面要补短板、筑长板、重视通用技术。

比如：

传统火电设备 　　　传统水库水坝发电设备

**传统能源生产工具**
⬇ 拓展
**新型能源生产工具**

风电设备 　　　光伏设备

核能设备 　　　潮汐设备

比如：

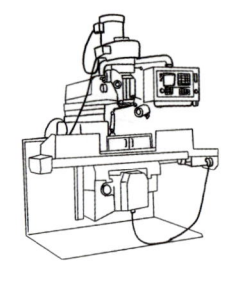

铣床 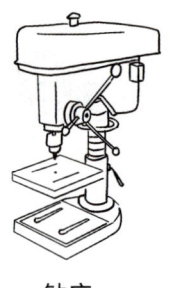　　　　　钻床

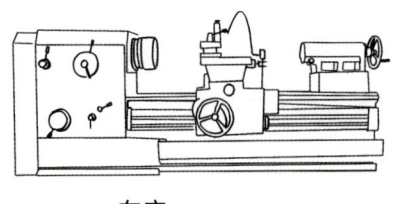

车床　　……

**传统机械生产工具**

拓展 ↓

**新型机械生产工具**

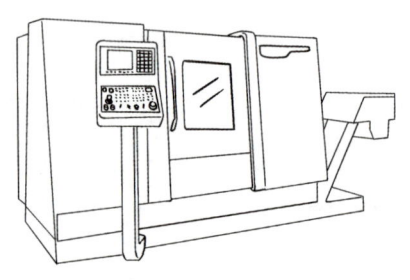

智能数控加工中心

比如:

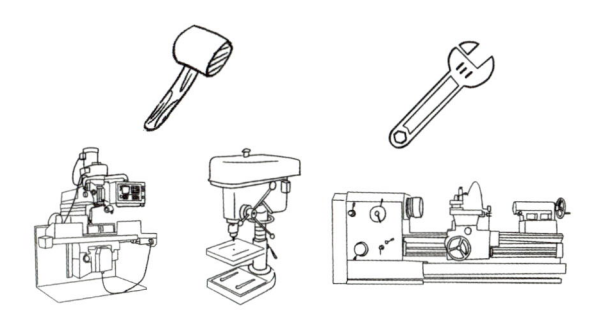

各类机械

**传统制造生产工具**

↓ 拓展

**新型制造生产工具**

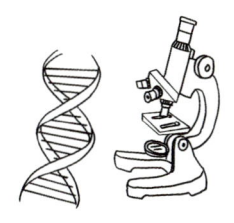

生物制造设备 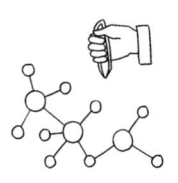　　　　纳米制造设备

激光制造设备　　　　······

比如：

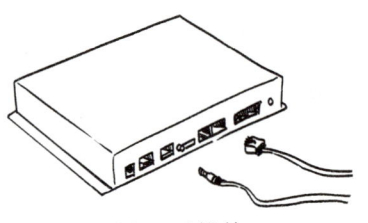

3G、4G设施

**传统通信生产工具**

⬇ 升级

**新型通信生产工具**

5G、6G设施

比如：

汽车

火车

飞机

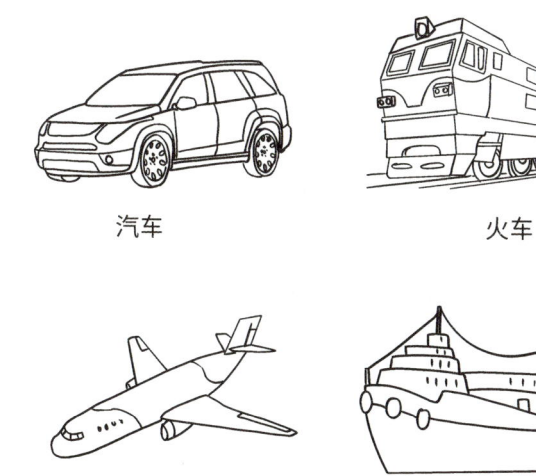

轮船

**传统物流生产工具**

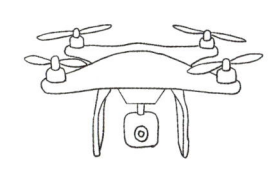

⬇ 拓展

**新型物流生产工具**

无人机

在未来还有可能实现：

传统计算机

**传统计算生产工具**

⬇ 拓展

**新型计算生产工具**

量子计算机 　　　　光子计算机

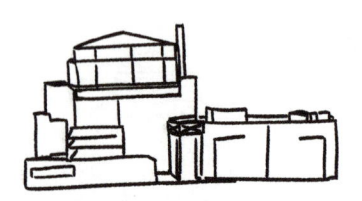

传统核裂变发电设备

**传统核电生产工具**

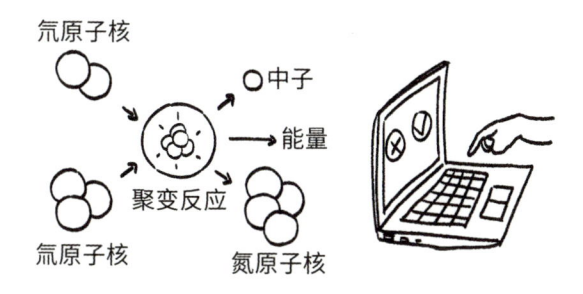

⬇ 拓展

**新型核电生产工具**

氘原子核 → 聚变反应 → 中子
氚原子核 → → 能量
→ 氦原子核

可控核聚变发电设备
……

## 三、劳动对象的跃升

劳动对象

劳动对象是劳动者在劳动过程中加工的对象，包括自然界的现存物和人类劳动加工过的物质资料。

劳动对象：麻、羊、树木、铁矿……
麻纤维、羊毛、木材、钢板……

　　催生和发展新质生产力，实现劳动对象的跃升，主要是提升科技水平，利用先进的生产工具，更加广泛、深入地将自然界的现存物拓展为劳动对象，同时不断利用劳动加工创造新的劳动对象。

劳动对象

　　拓展劳动对象，既要充分挖掘现有的劳动对象的潜力，还要不断进行劳动对象的创新创造。

比如：

可燃冰

可燃冰，即天然气水合物，是天然气与水在高压低温条件下形成的类冰状结晶物质，因其外观像冰，遇火即燃，因此被称为"可燃冰"、"固体瓦斯"和"气冰"。其燃烧后仅生成少量的二氧化碳和水，污染远小于煤、石油等，且储量巨大，因此被国际公认为石油等的接替能源。

但由于其分布于深海或陆域永久冻土中，且在低温高压下形成，一旦脱离地下或洋底，便迅速气化，因此开采难度极大。

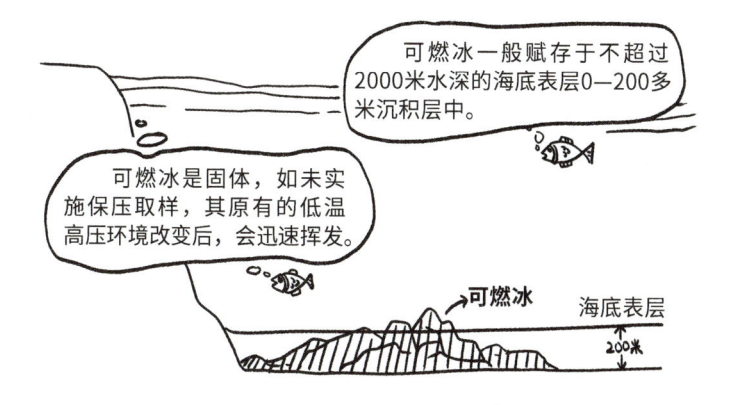

> 可燃冰一般赋存于不超过2000米水深的海底表层0—200多米沉积层中。

> 可燃冰是固体，如未实施保压取样，其原有的低温高压环境改变后，会迅速挥发。

可燃冰　海底表层　200米

2017年，我国组织实施的南海天然气水合物试采工程全面完成预期目标，第一口井的试开采产气和现场测试研究工作取得圆满成功。

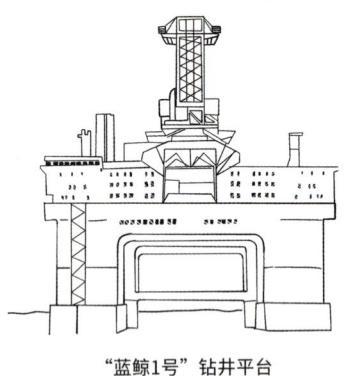

"蓝鲸1号"钻井平台

至此，可燃冰成为我们新的劳动对象。

比如：

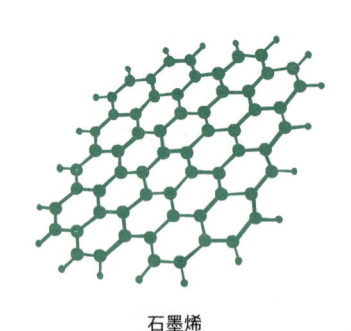

石墨烯是碳的同素异形体，碳原子以 sp$^2$ 杂化键合形成单层六边形蜂窝晶格石墨烯。石墨烯具有优异的光学、电学、力学特性，在材料学、微纳加工、能源、生物医学和药物传递等方面具有重要的应用前景，被认为是一种未来革命性的材料。

石墨烯

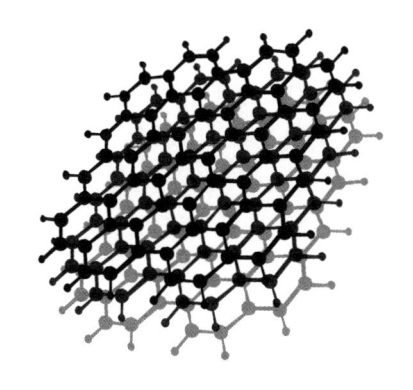

石墨烯本来就存在于自然界，只是难以剥离出单层结构。石墨烯一层层叠起来就是石墨，1毫米厚的石墨大约包含300万层石墨烯。

2004年，英国曼彻斯特大学的两位科学家安德烈·盖姆和康斯坦丁·诺沃肖洛夫从高定向热解石墨中剥离出石墨片，然后将薄片的两面粘在一种特殊的胶带上，撕开胶带，就能把石墨片一分为二。不断地这样操作，于是薄片越来越薄，最后，他们得到了仅由一层碳原子构成的薄片，这就是石墨烯。他们共同获得2010年诺贝尔物理学奖。

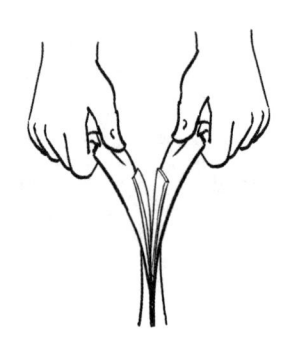

之后，化学气相沉积法、氧化还原法等各类方法逐步出现，伴随着相关应用的增加，石墨烯成为我们的劳动对象。

比如：

数据

人类的文明史，就是对数据的使用史。数据被用于记物、计时等，渗透在生活的方方面面。

日晷　　　　矩尺　　　　规

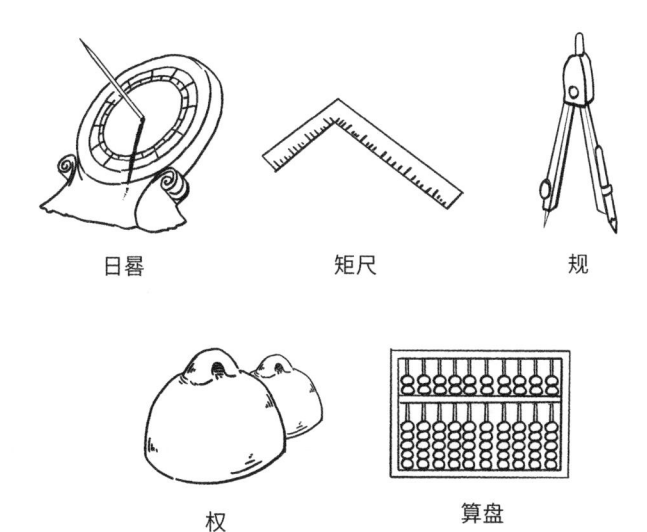

权　　　　算盘

今天，伴随着科技水平的进步，数据作为新型生产要素，是数字化、网络化、智能化的基础，已快速融入生产、分配、流通、消费和社会服务管理等各个环节，深刻改变着生产方式、生活方式和社会治理方式。数据作为劳动对象，也被赋予了更广泛的内涵。

大数据中心　　　　云计算　　　　　物联网

有了先进的生产工具，人们就可以有效地扩大劳动对象的范围，把沉眠在自然界中的生产力呼唤出来。

## 四 劳动者、劳动资料和劳动对象优化组合

人们在生产过程中所使用的劳动资料和劳动对象的总和即生产资料，包括土地、森林、河流、矿藏、机器、设备、厂房、生产建筑物、运输工具、原材料、辅助材料、资本、数据、技术、知识，等等。

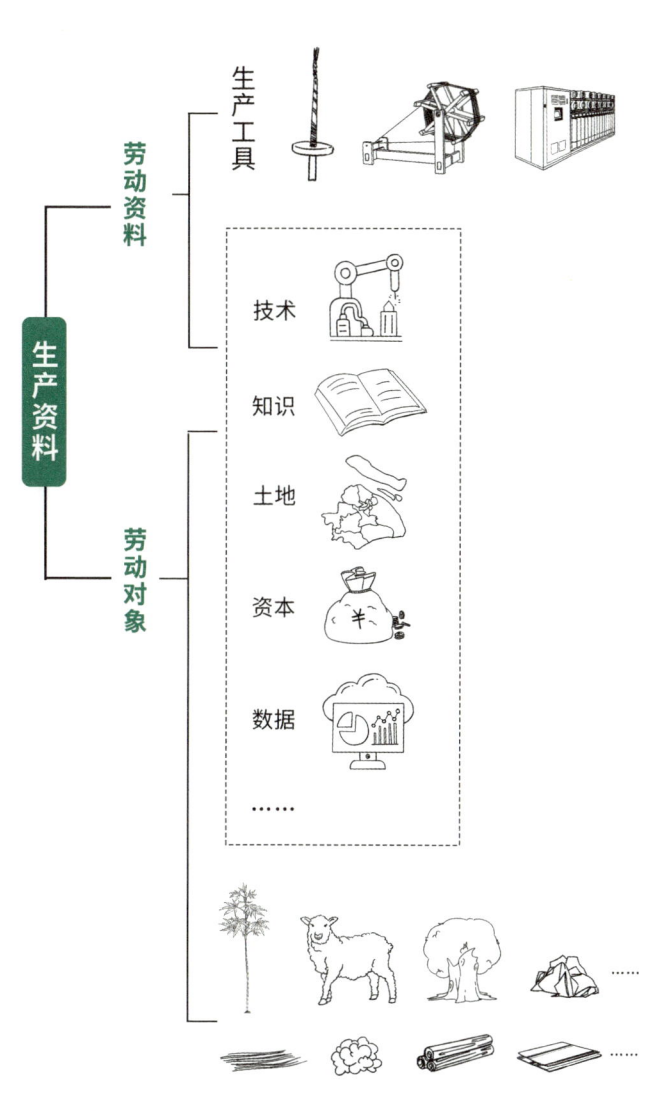

劳动者

生产资料
├─ 劳动资料 ─ 生产工具
└─ 劳动对象
    - 技术
    - 知识
    - 土地
    - 资本
    - 数据
    - ……

在任何社会中，生产资料都是人们从事生产所不可缺少的物质条件，劳动者只有同生产资料相结合，才能进行生产，创造出物质财富。

生产力诸要素相结合的社会形式，即生产关系。

**生产关系基本要素**

- **生产资料所有制**

  归谁所有？

- **人在生产中的地位和交换关系**

  老板 员工　甲方 乙方

  谁领导谁？

- **产品分配关系**

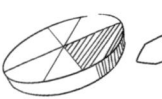

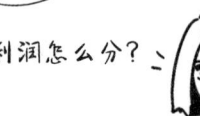

  利润怎么分？

生产关系必须与生产力发展要求相适应。发展新质生产力，必须进一步全面深化改革，形成与之相适应的新型生产关系。要深化经济体制、科技体制等改革，着力打通束缚新质生产力发展的堵点卡点，建立高标准市场体系，创新生产要素配置方式，让各类先进优质生产要素向发展新质生产力顺畅流动。

　　要健全要素参与收入分配机制，激发劳动、知识、技术、管理、资本和数据等生产要素活力。

——2024年1月31日，习近平总书记在中共中央政治局第十一次集体学习时的讲话

　　催生和发展新质生产力，实现劳动者、劳动资料和劳动对象优化组合，主要是在实现效率与公平相兼顾、相促进、相统一的基础上，坚持建设标准市场体系，不断探索有利于提升劳动者创新能力、提高发展质量的新型生产关系。

## 1.更灵活的所有制结构和股权结构

比如，**混合所有制模式**。

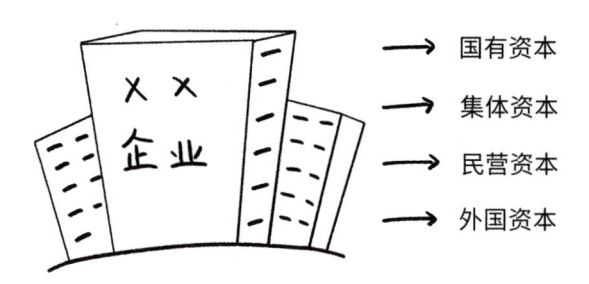

ＸＸ企业 → 国有资本
→ 集体资本
→ 民营资本
→ 外国资本

比如，**工会持股模式**。

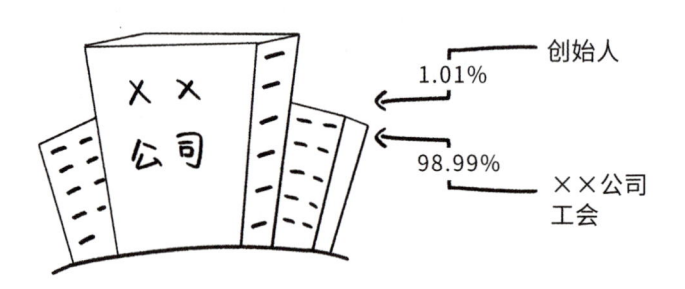

ＸＸ公司
← 1.01% —— 创始人
← 98.99% —— ＸＸ公司工会

## 2.更具激励性的利润分配模式

**(1) 全要素参与分配机制。**

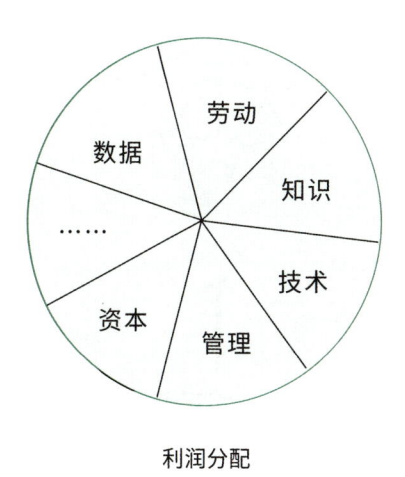

劳动
知识
技术
管理
资本
……
数据

利润分配

**(2) 向下倾斜的分配机制。**

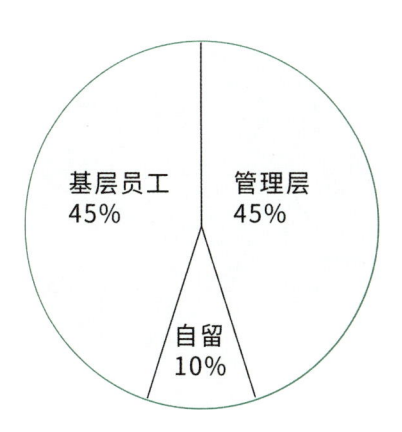

基层员工 45%
管理层 45%
自留 10%

## 3.更灵活的要素组合模式

比如，共享工厂。

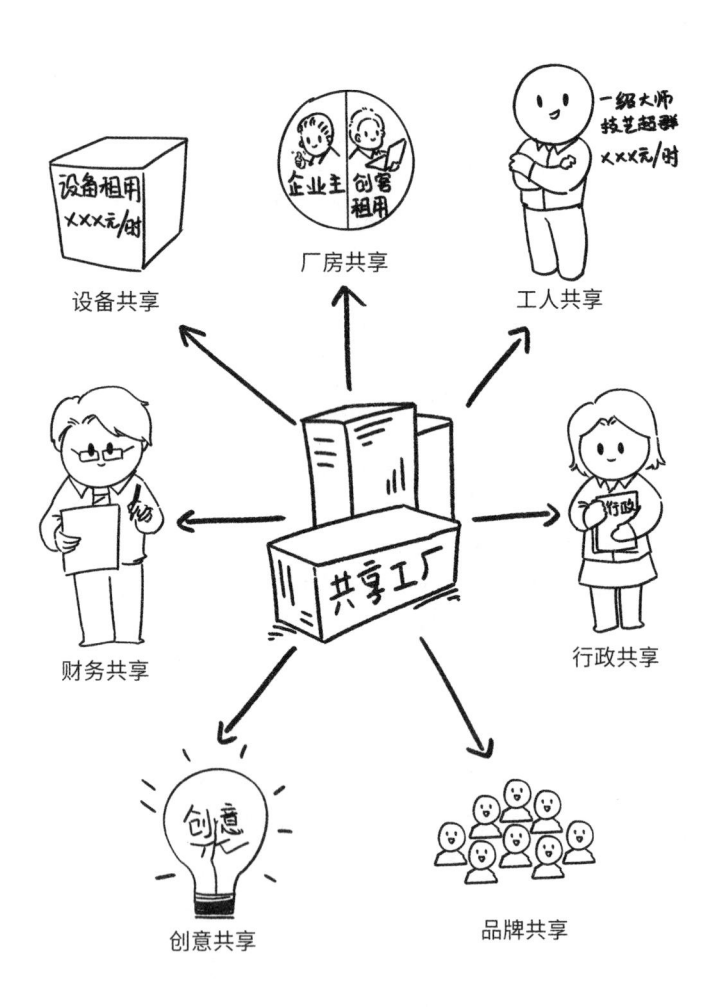

### 4.更高效的管理模式

比如，**扁平化管理**。

层级管理

扁平化管理

## 5.更全面、公平、高质量的社会保障

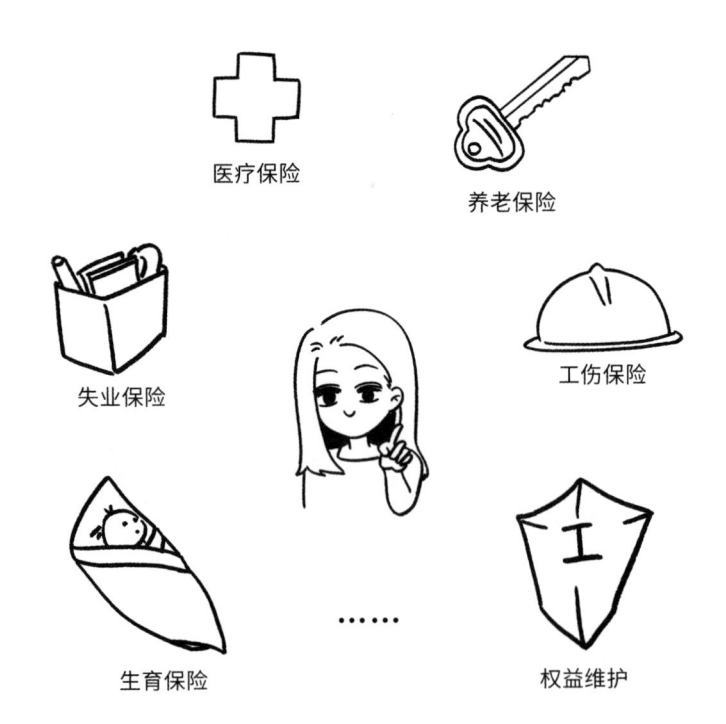

医疗保险

养老保险

失业保险

工伤保险

生育保险

……

权益维护

第 五 章

# 新质生产力的核心标志、特点、关键和本质

全要素生产率大幅提升是新质生产力的核心标志。新质生产力的特点是创新,关键在质优,本质是先进生产力。

# 一、新质生产力的核心标志

对于"全要素生产率"的强调，最早出现在习近平总书记在2015年中央经济工作会议上的讲话中：

必须锐意改革、大胆创新，必须解放思想、实事求是、与时俱进，按照创新、协调、绿色、开放、共享的发展理念，在理论上作出创新性概括，在政策上作出前瞻性安排，加大结构性改革力度，矫正要素配置扭曲，扩大有效供给，提高供给结构适应性和灵活性，提高全要素生产率。

习近平总书记在党的十九大报告、二十大报告中均有提及，特别是在党的二十大报告中指出：

我们要坚持以推动高质量发展为主题，把实施扩大内需战略同深化供给侧结构性改革有机结合起来，增强国内大循环内生动力和可靠性，提升国际循环质量和水平，加快建设现代化经济体系，着力提高全要素生产率，着力提升产业链供应链韧性和安全水平，着力推进城乡融合和区域协调发展，推动经济实现质的有效提升和量的合理增长。

因此，要明白**全要素生产率**是什么，先得明白什么叫 生产率。

生产率是指单位设备或设备的单位容量在单位时间内出产的合格产品的数量。

按生产要素的种类分类，生产率大致可以分为以下几种：

**劳动生产率**

原来我每天能造1把锤子，现在每天可以造5把锤子，劳动生产率提高。

劳动生产率，是指劳动者在一定时期内创造的劳动成果与其相适应的劳动消耗量的比值。单位时间内生产的产品数量越多，劳动生产率就越高。生产单位产品所需要的劳动时间越少，劳动生产率就越高。

**资本生产率**

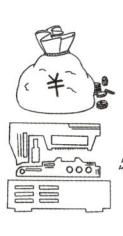

我的小企业资本存量为1000万元，去年生产总值为1000万元，今年生产总值为2000万元，资本生产率提高。

资本生产率是一定时期内（一年内）单位资本存量创造的产出（GDP），产出越多，投资效率越高。

**原材料生产率**

原来1立方米木材可做7把椅子，现在1立方米木材可做15把椅子，原材料生产率提高。

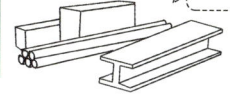

原材料生产率，是指以生产过程中投入的原材料重量或者价值计算的生产率。

**能源生产率**

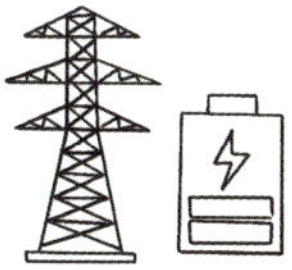

原来1度电可以造1把锤子，现在1度电可以造5把锤子，能源生产率提高。

能源生产率，是一定时间内，投入系统的能源要素与该系统所产生的附加值的比率。能源投入指一定时间内投入运营系统的能源总量（水、电、油等）。能源生产率可用来衡量能源消耗利用效率。

而**全要素生产率**，就是指**系统中的各个要素的综合生产率**。

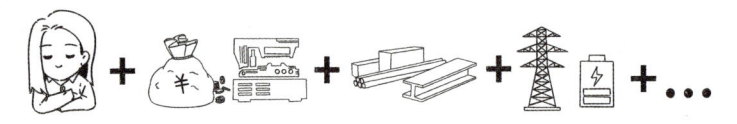

全要素生产率(TFP)

因此，**全要素生产率的增长，通常叫作技术进步率**。

与单纯依靠增加生产要素投入不同，TFP的提升反映了生产过程中技术进步和效率改善的作用，是经济增长的"无形资产"。当全要素生产率大幅提升时，意味着经济体不仅能以更低的成本生产更多的商品和服务，还能更有效地响应环境变化和市场需求，体现了新质生产力的实质和核心。如果说新质生产力的"新"指的是其"创新起主导作用"，那么新质生产力的"质"就是全要素生产率大幅提升。

由于全要素生产率（技术进步率）反映了生产中技术进步和效率改善的作用，因此必然成为新质生产力提升的核心标志。

## 二、新质生产力的特点、关键和本质

新质生产力的特点是创新，关键在质优，本质是先进生产力。

### 1.特点是创新

新质生产力的显著特点是创新，既包括技术和业态模式层面的创新，也包括管理和制度层面的创新。必须继续做好创新这篇大文章，推动新质生产力加快发展。
——2024年1月31日，习近平总书记在中共中央政治局第十一次集体学习时的讲话

主要包含五个方面：

（1）科技创新。

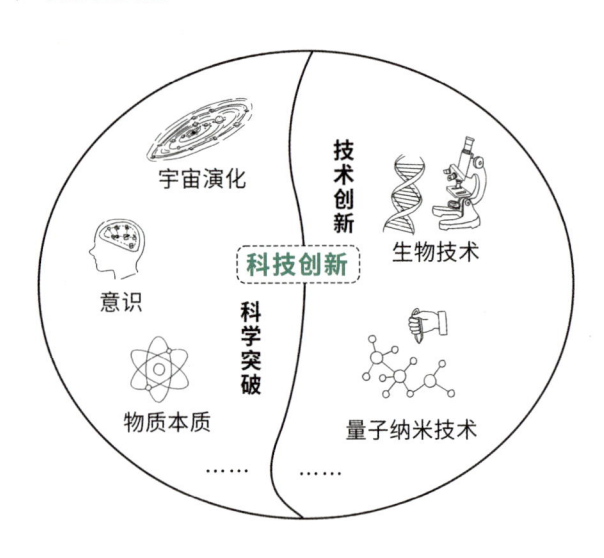

```
         技术
         创新
   宇宙演化
              生物技术
   意识   科技创新
         科学
         突破
   物质本质    量子纳米技术
      ……    ……
```

① **实施三个战略：**
科教兴国战略、人才强国战略、创新驱动发展战略

② **坚持"四个面向"：**
面向世界科技前沿、面向经济主战场、面向国家重大需求、面向人民生命健康

③ **强化：**
国家战略科技力量，有组织推进战略导向的原创性、基础性研究

④ **聚焦：**
国家战略和经济社会发展现实需要

→ 使原创性、颠覆性科技创新成果竞相涌现，培育发展新质生产力的新动能

⑤ **突破口：**
关键共性技术、前沿引领技术、现代工程技术、颠覆性技术创新

⑥ **充分发挥：**
新型举国体制优势

⑦ **打好：**
关键核心技术攻坚战

**（2）产业创新。**

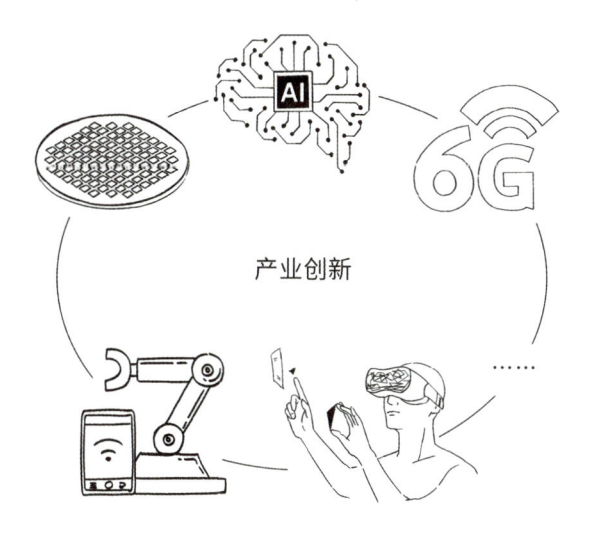

产业创新

① 要及时将科技创新成果应用到具体产业和产业链上。

改造提升传统产业
培育壮大新兴产业 → 完善现代化产业体系
布局建设未来产业

②要围绕发展新质生产力布局产业链。

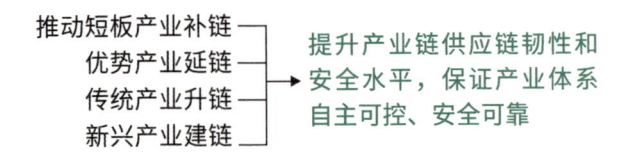

推动短板产业补链 ┐
优势产业延链 ┤ → 提升产业链供应链韧性和安全水平，保证产业体系自主可控、安全可靠
传统产业升链 ┤
新兴产业建链 ┘

③**要围绕推进新型工业化和加快建设制造强国、质量强国、网络强国、数字中国和农业强国等战略任务。**

↓

科学布局科技创新、产业创新

## （3）发展方式创新。

> 绿色发展是高质量发展的底色，新质生产力本身就是绿色生产力。我们必须加快发展方式绿色转型，助力碳达峰碳中和。

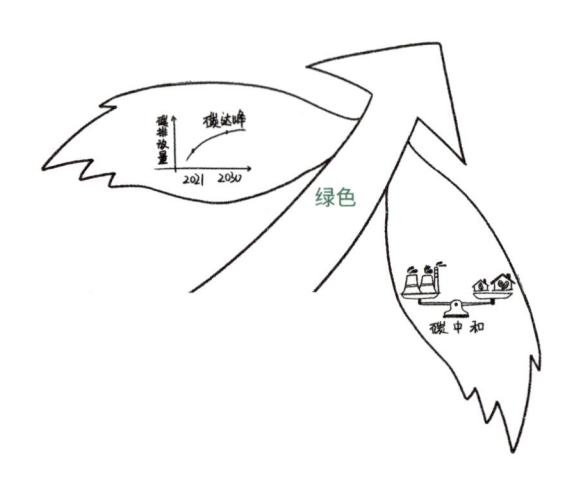

①要牢固树立和践行绿水青山就是金山银山的理念，坚定不移走生态优先、绿色发展之路。

②加快绿色科技创新和先进绿色技术推广应用。

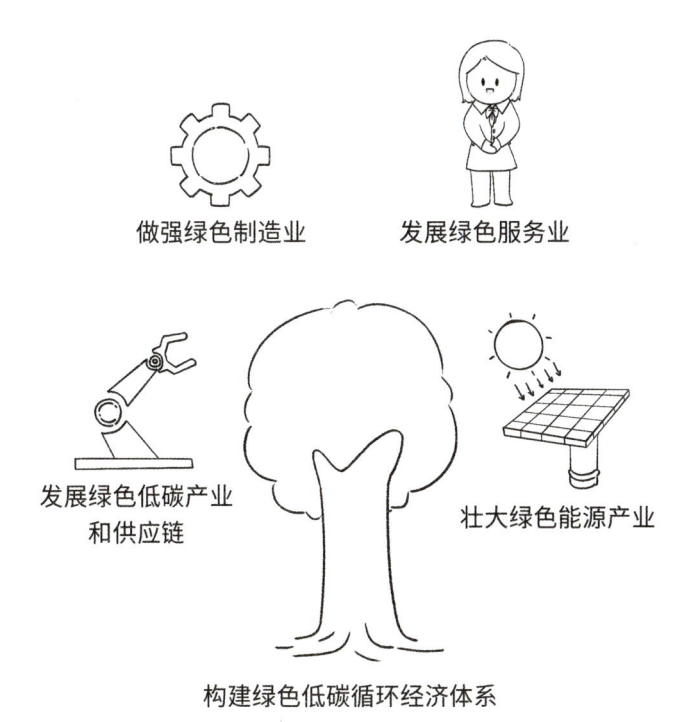

做强绿色制造业

发展绿色服务业

发展绿色低碳产业和供应链

壮大绿色能源产业

构建绿色低碳循环经济体系

③持续优化支持绿色低碳发展的经济政策工具箱，发挥绿色金融的牵引作用，打造高效生态绿色产业集群。在全社会大力倡导绿色健康生活方式。

**（4）体制机制创新。**

> 生产关系必须与生产力发展要求相适应。发展新质生产力，必须进一步全面深化改革，形成与之相适应的新型生产关系。

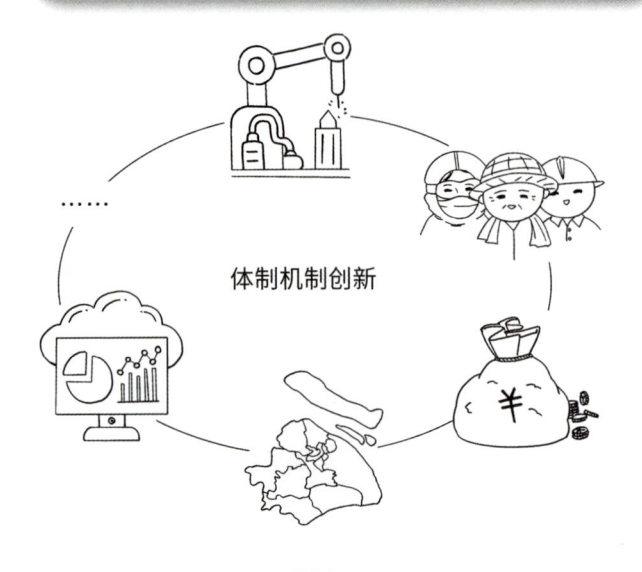

体制机制创新

新质生产力既需要政府超前规划引导、科学政策支持，也需要市场机制调节、企业等微观主体不断创新，是政府"有形之手"和市场"无形之手"共同培育和驱动形成的。

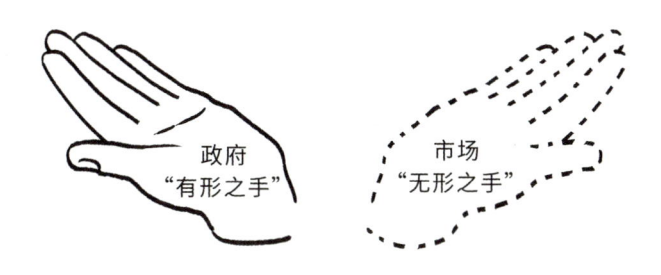

政府"有形之手"　　市场"无形之手"

因此，要深化经济体制、科技体制等改革，着力打通束缚新质生产力发展的堵点卡点，建立高标准市场体系，创新生产要素配置方式，让各类先进优质生产要素向发展新质生产力顺畅流动。同时，要扩大高水平对外开放，为发展新质生产力营造良好国际环境。

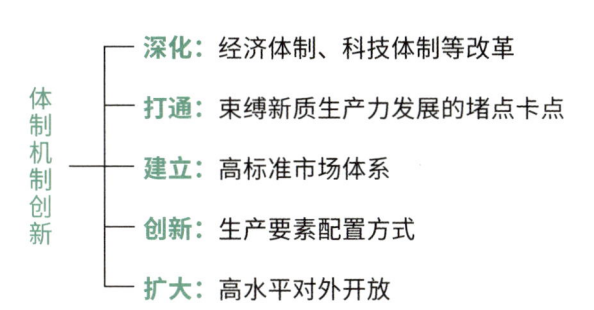

体制机制创新
- **深化**：经济体制、科技体制等改革
- **打通**：束缚新质生产力发展的堵点卡点
- **建立**：高标准市场体系
- **创新**：生产要素配置方式
- **扩大**：高水平对外开放

**（5）人才工作机制创新。**

要按照发展新质生产力要求，畅通教育、科技、人才的良性循环，完善人才培养、引进、使用、合理流动的工作机制。

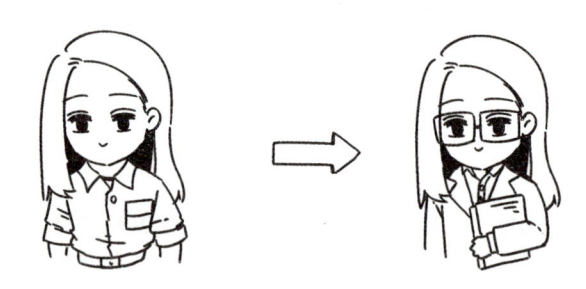

①要根据科技发展新趋势，优化：

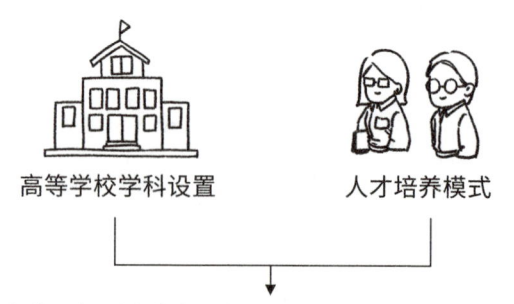

高等学校学科设置　　人才培养模式

为发展新质生产力、推动高质量发展培养急需人才

②要着力培养造就：

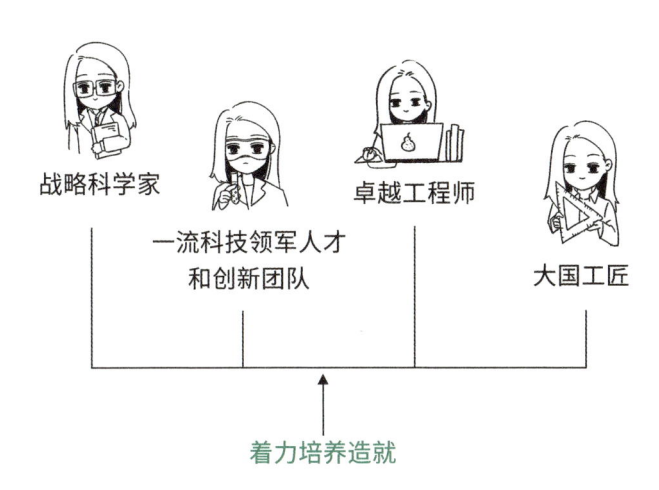

- 战略科学家
- 一流科技领军人才和创新团队
- 卓越工程师
- 大国工匠

着力培养造就

③加强劳动者技能培训，不断提高各类人才素质。

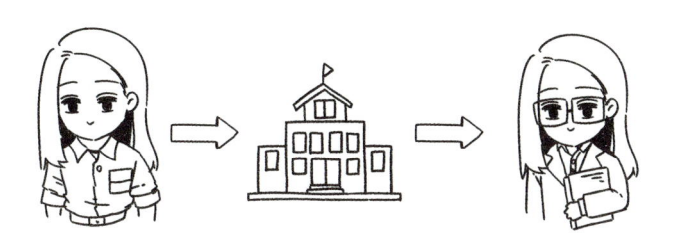

④要健全要素参与收入分配机制，激发劳动、知识、技术、管理、资本和数据等生产要素活力，更好体现知识、技术、人才的市场价值，营造鼓励创新、宽容失败的良好氛围。

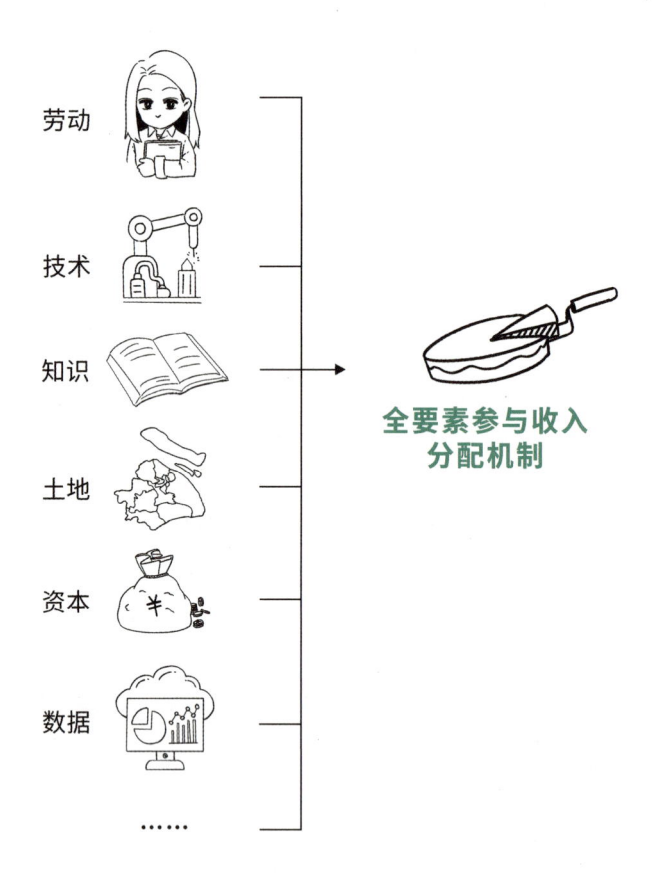

劳动

技术

知识

土地

资本

数据

……

**全要素参与收入分配机制**

## 2.关键在质优

**质优,而不是只有数量的增长。**

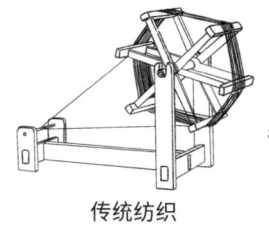

传统纺织 每日产出 100卷

现代纺织 每日产出 1万卷

不仅数量增长了,质量也得到了极大提升。

质优是创新的目标,也是创新的成果。

（1）创新的质量优。

比如，**我国论文发表数量、质量双提升。**

数量上，据中国科学技术信息研究所发布的《2023中国科技论文统计报告》显示，2022年，中国在各学科最具影响力期刊上发表的论文数为16349篇，占世界总量的30.3%，首次超过美国，排名世界第一。

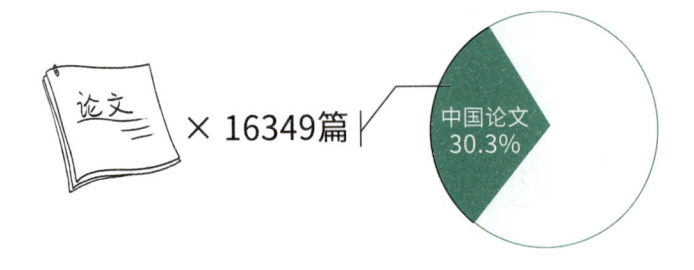

×16349篇

中国论文 30.3%

各学科影响因子最高的期刊，可以看作世界各学科最具影响力期刊。2022年，178个学科中共有159种高影响力期刊。

截至2023年7月，中国的热点论文数为1929篇，占世界总量的45.9%，数量比2022年统计时增加6.7%，世界排名保持第1位，美国位列第2；中国高被引论文数为5.79万篇，占世界总量的30.8%，世界排名保持在第2位。

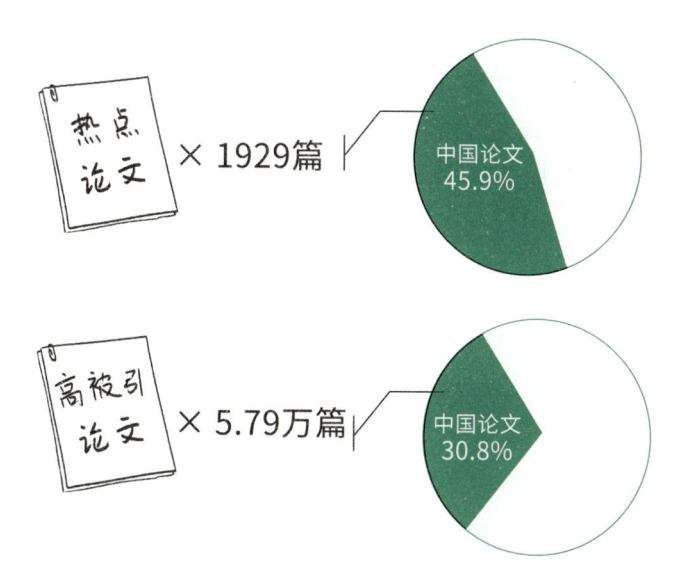

热点论文 × 1929篇　中国论文 45.9%

高被引论文 × 5.79万篇　中国论文 30.8%

近两年发表的论文在最近两个月得到大量引用，且被引用次数进入本学科前1‰的论文称为热点论文。各学科论文在2013—2023年被引用次数处于世界前1%的论文称为高被引论文。

按第一作者第一单位统计分析结果显示，中国发表高水平国际期刊论文9.36万篇，占世界总量的26.9%，被引用次数为64.96万次，论文发表数量和被引用次数均位列世界第一。

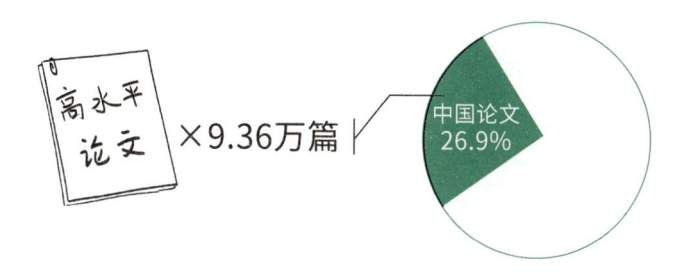

高水平论文 × 9.36万篇　中国论文 26.9%

（2）创新成果的转化和前景质量优。

比如，**增产26.5%的原创性成果："中油早1号"**。

"中油早1号"是中国农科院油料所自主育种研发的油菜新品种，不仅将油菜生育期从通常的190天缩短到约169天，满足了利用南方冬闲田种植油菜的要求，还使油菜籽亩产达到175.7公斤，创造了新的高产纪录。

190天 ➡ 169天

亩产 ➚ 175.7公斤

满足利用南方冬闲田种植要求

我国南方地区尚有1亿亩以上冬闲田，其中至少还有6400万亩可种植冬油菜，利用南方冬闲田种植油菜，不与粮食作物争地，冬季种植油菜后后茬水稻单产还可提高8%—17%，能够促进粮油兼丰。

比如，"从0到1"的颠覆性成果：首次实现淀粉全人工合成。

淀粉是食物中最重要的营养成分，提供全球超过80%的卡路里，同时也是重要的饲料组分和工业原料。如果生产近20亿吨谷物粮食，其中约12亿—14亿吨是淀粉。截至目前，持续了1万多年的农业种植，仍是生产淀粉的唯一途径。

2018年，中国科学院天津工业生物技术研究所首次在实验室实现了二氧化碳到淀粉的合成。

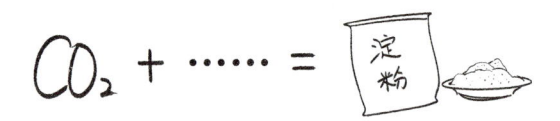

$CO_2$ + …… = 淀粉

在实验室里从二氧化碳转化为淀粉的合成速率，是玉米在自然情况下合成与积累淀粉的速率的8.5倍，因此这被认为是"从0到1"的原创性成果，突破了自然光合作用的局限，有望对粮食生产产生革命性影响，使淀粉生产的传统农业种植模式向工业车间生产模式转变成为可能，同时对生物制造产业的发展具有重要意义。

（3）整体上呈现全要素生产率提高。

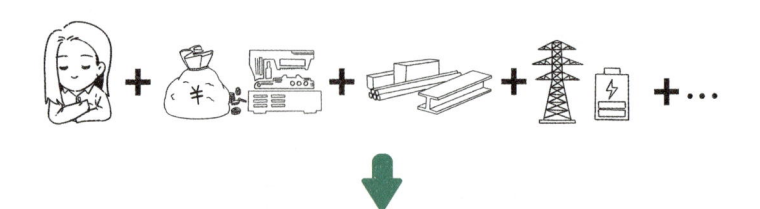

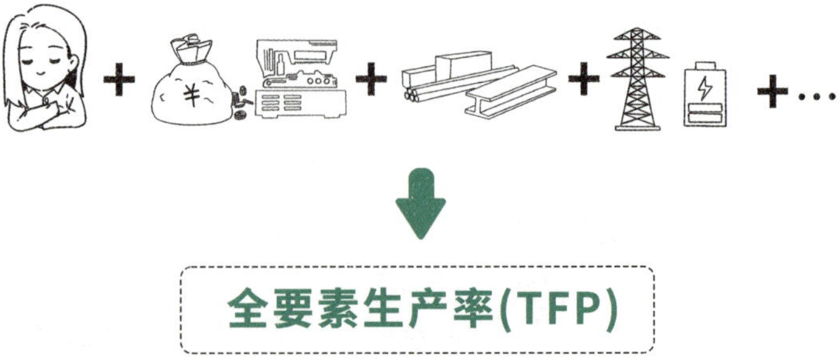

**全要素生产率(TFP)**

要呈现出全要素生产率提高，而不仅是GDP的提高。

## 3.本质是先进生产力

**生产力亦称"社会生产力"。它是人们在劳动生产中利用自然、改造自然以使其满足人的需要的客观物质力量。**生产力体现了生产过程中人与自然的关系，标志着人类改造自然的实际能力和水平。

因此，在社会发展的具体阶段中，生产力有落后与先进的分别。

21世纪初，在总结党成立以来的奋斗历程和历史经验的基础上，江泽民提出了"三个代表"重要思想，具体内容为中国共产党始终代表中国先进生产力的发展要求、始终代表中国先进文化的前进方向、始终代表中国最广大人民的根本利益。

江泽民:中国共产党始终代表中国先进生产力的发展要求、始终代表中国先进文化的前进方向、始终代表中国最广大人民的根本利益。

这里的先进生产力既是绝对的先进,又是相对的先进,是绝对性和相对性的统一。

绝对性指任何时代的先进生产力都具有的高科技、高效能、高质量特征等共性。

比如,**石器时代以使用石器为代表的生产力,和内燃机时代以使用内燃机为代表的生产力都具有高科技、高效能和高质量特征。**

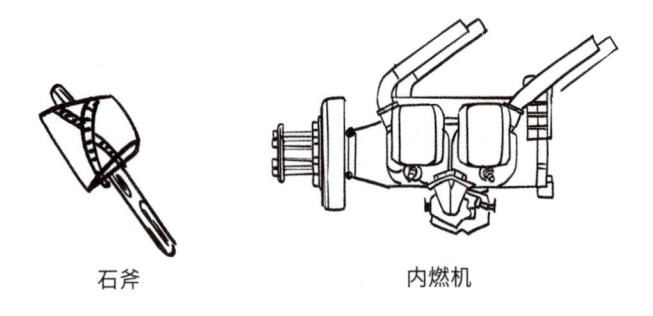

石斧　　　　内燃机

**高科技、高效能、高质量特征**

相对性是指先进生产力是一个具体的历史的范畴，生产力的发展表现为先进生产力不断地取代落后生产力的历史过程。在其发展过程中，先进生产力是相对于已经落后的生产力而言的。

比如，**石器时代末期，青铜工具出现，此时以青铜工具为标志的生产力比以石器为标志的生产力更加先进。**

石斧

**相对落后**

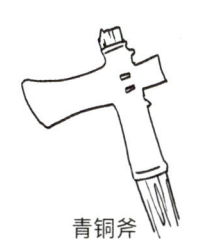

青铜斧

**相对先进**

就新质生产力而言，其劳动者科学技术水平更高，劳动资料更为先进，劳动对象也得到更为广泛和深入的拓展，在绝对和相对意义上均具备高科技、高效能、高质量特征。

劳动者 → 科学技术水平更高的劳动者

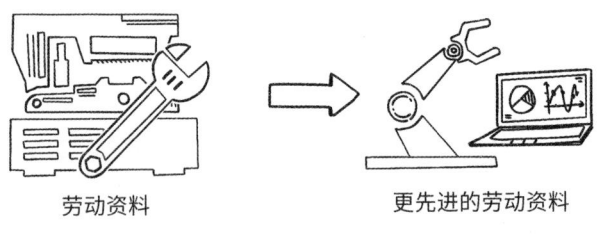

劳动资料 → 更先进的劳动资料

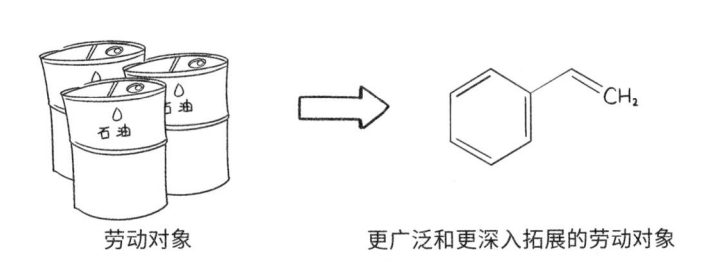

劳动对象 → 更广泛和更深入拓展的劳动对象

**因此，新质生产力本质上是先进生产力。**

因此，对于新质生产力，
我们其实可以这样理解：

**创新 + 质优 = 先进生产力**

图书在版编目（CIP）数据

图说新质生产力 / 闫光宇，青橙图说著. —北京：东方出版社，2024.10. —（理论轻松学）
ISBN 978-7-5207-3590-2

Ⅰ.F120.2-49

中国国家版本馆 CIP 数据核字第 20248L6Z15 号

## 图说新质生产力
（TUSHUO XINZHI SHENGCHANLI）

| | |
|---|---|
| 作　　者： | 闫光宇　青橙图说 |
| 责任编辑： | 何伟华　杨润杰 |
| 责任审校： | 张凌云 |
| 出　　版： | 东方出版社 |
| 发　　行： | 人民东方出版传媒有限公司 |
| 地　　址： | 北京市东城区朝阳门内大街 166 号 |
| 邮　　编： | 100010 |
| 印　　刷： | 北京市联华印刷厂 |
| 版　　次： | 2024 年 10 月第 1 版 |
| 印　　次： | 2024 年 12 月北京第 5 次印刷 |
| 开　　本： | 880 毫米 ×1230 毫米　1/32 |
| 印　　张： | 8 |
| 字　　数： | 95 千字 |
| 书　　号： | ISBN 978-7-5207-3590-2 |
| 定　　价： | 49.80 元 |

发行电话：（010）85924663　85924644　85924641

版权所有，违者必究
如有印装质量问题，我社负责调换，请拨打电话：（010）85924725